GOLF
BODY
FITTING

ベストスコアのためのカラダづくり

ゴルフ・ボディ・フィッティング

スポーツトレーナー
小澤康祐 著

はじめに

　私の前作『ゴルフスイング物理学』では、クラブの重心構造を踏まえて、物理学上の法則をうまく活用することで、フェースをコントロールしながらスイングスピードを稼ぎ、再現性の高いショットを打っていく理論的な解説をさせていただきました。

　多くの反響をいただきましたが、「それを自分自身が実行するための方法論を教えてほしい」といったご意見が多く、より具体的な改善方法を提案したいという想いのもとで、本書を出版することとなりました。

　そもそも私は、スポーツトレーナーという立場でスポーツ選手をサポートすることをメインに活動しています。ゴルフの技術的な部分よりも、ゴルフスイングに適したカラダづくりをどのようにすべきか、といったところが得意な分野でもあり、もっとその重要性を広く知っていただきたいと考えています。

「理想の動きのイメージはあるのに、カラダが硬くて思うように動けない」「思ったように距離が出ない」といったお悩みは、スイングづくりよりもカラダづくりのレベルに原因があるのかもしれません。

　わかりやすく、かつしっかりとカラダの構造などを理解したうえでの実践アプローチをお伝えするため、写真やイラストを多く、そして大きく挿れさせていただきました。理屈を視覚的にとらえ、イメージを鮮明にすることで、より効果的なストレッチやトレーニングが可能になるため、ぜひ何度も繰り返し見直してください。

　そして、じっくり目に焼き付けながら、ご自身のカラダの中身である骨格や筋肉をイメージしながら動かせるようにしていくことを目標にしていただければと思います。

　ご自身に合ったクラブをクラフトマンと協力してつくる「クラブ・フィッティング」と同じように、スポーツトレーナーの私が提案する、カラダをゴルフスイングのために最適化する「ボディ・フィッティング」がみなさまのお役に立つことを祈っております。

スポーツトレーナー　小澤康祐

ベストスコアのためのカラダづくり

ゴルフ・ボディ・フィッティング

CONTENTS

第3章

8 胸椎

9 頸椎

STAFF

編集協力　長沢 潤

装丁・本文デザイン　株式会社ファーブル（西村巧、佐藤信男）

写真　小林 司

イラスト　川崎敏郎

衣装協力　株式会社ゴールドウイン（c3fit）、ブラックアンドホワイトスポーツウェア株式会社（アンパスィ）

第1章 原理編

「ゴルフに適したカラダ」にチューンナップしよう!

原理 1

「ボディ・フィッティング」とは？

多くのゴルファーが「カラダが硬くて思うように動けなくて……」と、頭ではツアー選手と同じスイングをしたいと思っていても、カラダがそれについてこないという現状に悩みを抱えています。練習場にいるプロに聞いても「スイングのことはわかるけれど、カラダのことはよくわからない」という返答が返ってくるケースや、スイングを直したいと思って練習場で独力でいろいろなことを試しても改善せず、それがカラダの柔軟性の欠如や筋力不足によるものだと気づいていないケースも少なくありません。

　スイングの根本的な改善を考えた場合、やらなくてはならないことは大きく分けて2つあります。

　ひとつは**直接的にスイング動作を改善するドリルを行なう**こと。もうひとつは、**トレーニングや**

カラダが動かなければ
イメージどおり
スイングできない

ストレッチなどによるカラダの改善です。

ツアー選手が必死にトレーニングを積みながらスイング改善にはげみ、何カ月、長ければ何年とかけてようやく納得のいく動作が身についてくるくらいなものなのに、月に2、3回練習場に行く程度のゴルファーがただボールを打つだけの練習を続けていても、スイングが根本から改善するにはほど遠いのが現実です。

しかし、だからといってスイング改善をあきらめる必要はありません。なかなか練習やトレーニングに時間を割けないアマチュアゴルファーでも、それを補う正しい知識をもち、通勤時間や家でのスキマ時間を使って日々の習慣の中でできるかぎりの身体改善を行なえば、十分に補うことができます。時間の不足は知識で補えばいいのです。

理想のイメージと現実のギャップ。イメージどおりの動きができないのは、カラダ側にスイングに必要な動きに「フィット」していない部分が生じている可能性がある

原理 2 ミスの原因はカラダの不均衡?!

何も考えずに運動した時に現れる動作というのは、日常の中での習慣にインプットされた動作です。

練習では意識的な動作が強く現れますが、**コースでは習慣になっている動作が強く現れます。**コースでミスをしないための根本的なスイング改善とはつまり、**動作を習慣のレベルで改善する**ということです。

そして習慣的な動作は、筋力や柔軟性などのカラダのバランスによって決まります。**強い筋肉が優先的に使われ、柔軟な関節が優先的に大きく動く**ためです。

また、日常の中で何気なく使う頻度の高い筋肉や関節は、意識的に時間を割いて行なうトレーニングではなくても鍛えられてしまいます。日常動

無意識の動作はカラダのバランスから現れる

作でも得意な筋肉や関節ばかりが無意識に使われて、さらに得意になってしまう。つまり、**今現在の状態が自然に直っていくという可能性はほぼゼロに近く、**むしろ意識的に不得意な筋肉や関節を使おうとしないかぎり、バランスは崩れていく一方という負のスパイラルに、知らない間に陥ってしまっているのです。

理想のスイングを習慣的な動作として行なえるレベルに高めるためには、**理想のスイングで使われる筋肉を意識的に強くすることと、大きく動かす関節の柔軟性を高めること、**つまりトレーニングやストレッチが必要なのです。ストレッチとトレーニングによってスイング専用のカラダをつくり込むという考えに基づいて、そうした動きを生活の中に上手に取り入れていくことが必要です。

11ページのような理想のフィニッシュをとるためには、胸が伸び、背中側が縮まなければならない。だが、背中側が縮む力が弱いと、胸は縮まったままとなるため、それが理想のフィニッシュをとれない原因となる

原理 3

カラダの改善には目的と意図が不可欠

世の中にはたくさんのトレーニング理論があります。「体幹トレーニング」「ヨガ」「ピラティス」「バランスボール・トレーニング」「レジスタンス・トレーニング」……、数えても切りがないほどあります。

ゴルファーにとって最適なものはどれか？　と質問されることも多いのですが、**どれもゴルファーにとって部分的なメリットはありますが、最適ではありません。**

なぜなら、そもそも「スイングの中でどういったカラダの使い方をするか」を考慮してつくられたものではないからです。さらに言えば、取り組むゴルファーがどのような癖を持っているかという〝その人の〟スタートラインを考慮せずマニュアル的に取り入れてしまうことも、効果的とは考

「体幹トレーニング」はゴルフに適用するのか？

えられない大きな理由です。

なんとなく「体幹トレーニング」と呼ばれるものを行なったとしても、それがゴルフスイングでの体幹の使い方とリンクしないものであれば意味はありません。しかも、ゴルフスイングは腕の正しい使い方の重要度も非常に高く、その使い方が間違ったまま体幹を鍛えたところでフィットしてこないのです。

「○○トレーニング」を覚えて正しく行なうことはゴルファーにとっての目的ではありません。あくまで**スイングを改善するということが目的で、それに対して現状を把握し、どんな手段を使うのかという選択が大切**です。スイングでのカラダの使い方を理解し、それに合わせてトレーニングを考えるという順序が正しいはずなのです。

世の中でもてはやされている体幹トレーニングにしても、ゴルフスイングの中でのカラダの動きを考えるところを原点としなければ、効果は限定的となってしまう

原理 4

スイングの動きから考える

本書で提案させていただく「ゴルフ・ボディ・フィッティング」は、**ゴルフスイングのためのカラダづくりを目的とし、スイングでどのようにカラダを使うかを考慮したうえでの筋力アップと柔軟性の向上を目指したもの**です。

各関節の動作がスイング動作にどのように影響するかを理解し、ご自身のカラダで不足している部分を選択して取り組んでいただけるように解説をさせていただきます。

これまでは何となく「カラダが硬いから動かない」と抽象的に捉えてしまっていたものを、「この関節を、こういうふうに動かせるようになればいいんだ」と具体的な解決策が見出せるようになるだけで、時間がない中でカラダのケアをしていかなければならない状況でも、「毎日これだけ

ゴルフのためのカラダづくり＝ボディ・フィッティング

は続けよう」という具合に、自分に合った的確なアプローチを行なえるようになります。

スイングを練習場やコースで意識して一時的に直すだけではなく、**日常生活の中で、筋力や柔軟性のバランスを変えて、根本から動作改善を行なえるメニュー**を組み立てました。

本書では、日常生活の中のちょっとした時間を使っていつでも取り組めるメニューを厳選。テレビを見ながらでもできるので、ぜひ実行してほしい

原理5 「裏と表」ともに最適化する

『ゴルフ・ボディ・フィッティング』のメインは、トレーニングとストレッチです。

筋肉をゴムに例えると、トレーニングとはゴムが縮む力を強くすること、つまりゴムの束を太くしたり、伸びた状態から戻ろうとする力を強くするように鍛えることを意味します。

逆にストレッチは、大きく伸縮を繰り返したり、伸ばした状態でしばらく止めたり、ゴムが伸びやすい状態にすることを意味します。

トレーニングとストレッチの意味合いを錯綜し、鍛えて筋肉が縮みやすい状態にしなければいけない部分を、反対にストレッチによって伸びやすい状態にしてしまうと逆効果になります。

ゴルフスイングの中で強く縮めて使いたいのか、伸ばして使いたいのか、これによってその筋肉を

「鍛えるトレーニング」と「ゆるめるストレッチ」

トレーニングしなければならないのか、ストレッチしなければならないのかが決まってくるのです。それをまず理解してください。

筋肉が縮む力や伸ばせる範囲のバランスが、そのままスイングに現れます。逆に言えば、スイング中のカラダの動きを見ることで、どこの筋肉が弱いのか、伸びにくいのかということを判断することができるのです。

ゴルフスイングで使いたいけど、なかなか使えていない……。こんな状態で弱くなっている筋肉を鍛えましょう。関節をもっと大きく使うために必要な筋肉のこわばりをほぐして伸ばしていきましょう。ゴルフに最適なカラダに変えていくのです！

トップでは、体幹が左に側屈する。左側の体側は縮み、右は伸びる。つまりカラダの左側の筋肉はトレーニングで鍛え、右側の筋肉はゆるむためのストレッチが必要ということだ

本書の使い方

本書「実践編」は、以下のように構成しています。

各部位ごとに、構造とスイングづくりにおいて重要な筋肉の紹介Ⓐと動きの説明Ⓑから始まり、その部分が適切に動いていないために出ているスイングの症状例をあげていますⒸⒻ。

さらに、なぜそのような動きになってしまうかを解説しⒹ、スイングにおいてその部位をどのように使えばいいか理想の動き方Ⓔの説明へと続きます。

そして、各部位のまとめとして、理想の動き方が自然にできるカラダに変えていくための「ボディ・フィッティング」であるストレッチ、モビリゼーション、トレーニングの方法Ⓖを紹介しています。

第2章

知識編

「ボディをフィットさせる」知識とポイント

トレーニングについて

①

筋肉の仕事は「縮む」こと

筋肉の構造について知ることは、カラダの内部についての明確なイメージを持ち、トレーニングをより効果的なものにするために必要不可欠です。まずは筋肉の性質について解説します。

カラダを動かすための筋肉は、両端が骨と骨についている「骨格筋」と呼ばれるもので、ゴムのように伸びたり縮んだりします。

骨と骨の間が「関節」（例：モモの骨とスネの骨の間がヒザ関節）で、筋肉は関節をまたいで別の骨に付着しています。筋肉が縮むことによって、関節を軸にして骨どうしが近づきます。逆に骨どうしが遠ざかる時、筋肉は引き伸ばされます。

ゴムと同じく、筋肉は縮む力を発することはできますが、伸びる力を発することはできません。外部からの力や、反対側の筋肉が縮んだことにより骨が動いた時に受動的に伸ばされるのみで、伸びるという仕事を自ら行なうことはできないのです。

この特徴を踏まえ、**筋肉を鍛えるということは、縮む力を鍛えるということ**だと考えると、トレーニングのイメージがしやすくなります。

前腕から上腕をつないでいる筋肉を縮めるとヒジが曲がる（屈曲する）。力こぶが盛り上がるのも、筋肉を縮めているから

トレーニングについて

②

縮もうとする筋肉に抵抗をかける

では、筋肉が縮む力を鍛えるにはどのようにしたら良いでしょうか。その答えは、**「縮もうとする筋肉に抵抗をかける」**です。

たとえば、ヒジを曲げるという運動は、ヒジの関節を境にして上腕と前腕の骨どうしが近づく運動であり、この関節をまたいでいる上腕二頭筋が収縮します。ヒジを曲げる運動に抵抗がかかるようにダンベルを持ってヒジの曲げ伸ばしを繰り返すと、上腕二頭筋のトレーニングが行なえるということになります。

ダンベルやバーベルなどの、物の重さを使って抵抗をかけて行なうトレーニングをウエイトトレーニングと呼び、これが一般的な筋力トレーニングの一種として知られています。物の重さを利用するウエイトトレーニングでは、**重力の方向は常に地面の方向であるということを考えてフォームをつくる**ことがポイントとなります。

そのほか、ゴムチューブや水、風、摩擦、徒手など、いかなる抵抗もトレーニングに使うことができるため、筋肉や骨格の構造を知っていれば、どんな環境でもその場でできるトレーニングを自分で編み出すことも可能なのです。

ヒジを曲げる動作の抵抗を自分でつくることもできる。関節と筋肉の構造を考慮し、動きの方向を正確に意識することが必要だ

トレーニングについて ③

神経を通すための意識的な反復

筋力を向上させるトレーニングには2段階あります。

ひとつは意識的に狙った筋肉を動かすことができるようになる段階、言い換えれば「神経を通す」という段階です。そのうえでもうひとつが、筋肉自体の大きさや細胞の数を増やす段階。これが「縮む力が強くなる」段階です。

人間は特別な場合を除けば、骨や筋肉の数、場所はほとんど同じです。しかし、意識的に動かせる筋肉の数は人によって違います。

耳や足の小指を器用に動かせる人と、反対に動かせない人がいます。これは、過去に動かそうとした経験があるかないかで、神経が通っているかいないかの差です。

実際、ゴルフスイングで使いたい細かい筋肉を意識しても動かせない場合、それが原因でスイングのスピードを失ったり、ぎくしゃくした感じが出たりしてしまうのです。

神経を通すという段階では、**とにかく意識して動かそうとする、スムーズに動かそうとした反復回数がモノを言います。**筋肉を疲労させるような負荷は必要なく、とにかく動かせるようになるまで何回もやり続けるということが大切です。

指先の関節だけを曲げる。1本だけ動かす。そうした動きができないのは「神経が通じていない」から。繰り返しの訓練によってできるようになる

トレーニングについて ④

鍛えるには回数よりも疲労感

神経を通す段階を経た後は、実際に筋肉が縮む力を鍛える段階に進みます。

筋肉量を増やすなど、鍛えるという目的を達するには、**筋肉に疲労感を与えることを意識**する必要があります。

さまざまなトレーニングの本やDVDを見ると「10回を1セットにして3セット行ないましょう」といった、回数やセット数の目安が書かれています。しかし、この回数には意味がありません。

同じ種目の10回でも、抵抗の大きさ、動きのテンポなどによって、負荷の大きさはまったく異なりますし、個人差もあります。「8回で限界」の人が10回がんばれば、筋肉に疲労を蓄積させ、効果的なトレーニングになりますが、10回やっても疲れない人にとっては、トレーニング効果はほぼありません。

つまり、トレーニングにおいて回数を目安にするのは合理的でなく、**どれだけ狙った筋肉に疲労をためられるかということに意識を置くことこそが重要**なのです。ものすごくゆっくりとした動きで、たった3回で限界がくるようにトレーニングしたほうが、100回楽々やるよりも断然効果が高いのです。

疲れ切ってへたり込むくらいまで筋肉を疲労させると、筋肉を大きくする効果は高くなる

トレーニングについて

5

見た目のフォームよりも「効かせること」が大事

疲労感、つまり「効かせた感じ」を目安にするのは、トレーニングのフォームにおいても大切な考え方です。

たとえば、100回を目標にして行なった場合、「いかに楽なフォームで100回やるか」を考えてしまいます。それでは、効かせるべき筋肉を使わない動作（代償動作）をたくさん使った、間違ったカラダの使い方になってしまいます。

トレーニングは、狙った筋肉に効かせることにのみ集中して行なうことが大切です。そして実はこれが自然に正しいトレーニングフォームを導くことにもつながります。

たとえば、スクワットは「ヒザを前に出さない」「骨盤を前傾」「お尻を引く」など形を意識するより、「カラダの裏側に効かせる」という目的を意識したほうが正しいフォームになっていきます。

トレーナーが見て「形がいい」云々言ったところで、狙った筋肉に効いていなければ、間違ったフォームです。正しいフォームは固定的なものではなく、**トレーニングをしている本人が効かせたい筋肉に疲労感を与えられるフォームであれば良く、**本来は個人差があるものなのです。

スクワットではモモ裏、お尻、背中に「効いている感」を得られる動き方を探すことで、正しいフォームになる。そうでなければ狙った効果は得られない

ストレッチについて

①

関節の遊びと筋肉の伸縮性

「カラダがやわらかい」「関節の可動域が広い」とはどういう状態のことをいうかと言えば、関節の遊びがあることと、その周辺の筋肉の伸縮性が高いという2点が大きな要素となっています。

関節は複数の骨の間のことを言いますが、骨と骨との間がギチギチに詰まってしまっている状態だと、当然スムーズに動くことができません。

その間に潤滑剤のようなやわらかい組織でつくられた隙間があることで、骨と骨どうしが滑るようにして動くことができるのです。この隙間がある状態を「遊びがある」と表現します。

関節に少しの遊びがあり、そのまわりを覆っている筋肉の伸縮性が高いという2つの要素があって、柔軟性の高いカラダをつくっていくことができるのです。

つまり、可動性があってゴルフスイングがしやすいカラダをつくるという目的でコンディショニングをするためには、関節の遊びをつくるための「モビリゼーション」と呼ばれるテクニックや、筋肉の伸縮性を高めるストレッチなどを取り入れることが効果的なのです。

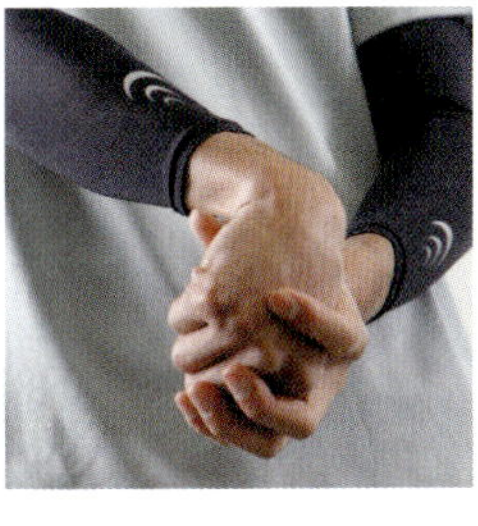

手首の関節は、手のひら側には70〜90度曲がるとされている。目安の可動域いっぱいに動かすためには、関節に遊びがあり、まわりの筋肉の伸縮性が高いことが条件

ストレッチについて

②

筋肉の長さを決める筋膜をリリースする

カラダ中の筋肉はそれぞれ役割を持って関節を動かしていますが、**それらをまとめて覆っている「筋膜」という組織の緊張が、カラダの部分ごとの柔軟性に多いに影響を与えています。**

筋肉の上にある筋膜が部分的に縮んでいる状態になると、その周辺にある筋肉が全体的に収縮し、短くなってしまいます。つまり筋肉が部分的に、持てる力を発揮しづらい状態、さらにはその筋肉が動かしづらい状態になってしまっているのです。

そうしたところに、「イメージした動きができない」原因が潜んでいるのかもしれません。

筋膜の緊張の度合いのバランスをとることが、骨格のバランスをとるために非常に大切なのです。

近年注目されている、筋膜をゆるめるローラーや皮膚に刺激を与えるテーピングなどのテクニックも、有効に使うことでスイング動作の改善に相乗効果を得ていくことができますので、本書で解説するストレッチ、トレーニングと合わせて試していただいても良いと考えています。

動きに左右差がある場合、スイングのバランスが崩れる原因となりやすい。筋膜や筋肉の部分的なこわばりはほぐしておきたい

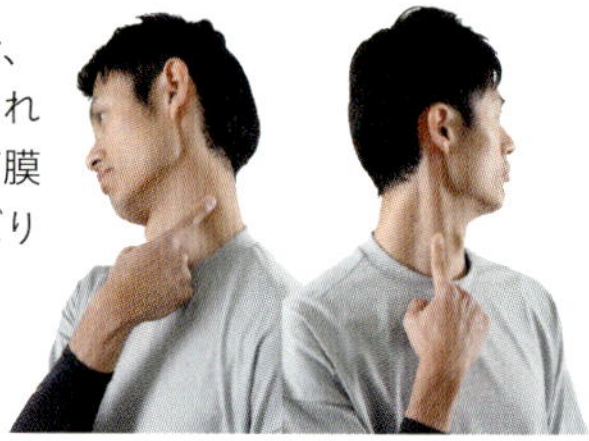

ストレッチについて
③

筋膜リリースにはゆるやかな「静的ストレッチ」

筋膜の緊張をとること（筋膜リリース）は、骨格のバランスや関節の柔軟性の改善により大きな影響を与えられます。しかし、そのぶん、効果を出すためには、筋肉を伸ばすよりも時間がかかります。

ゆるやかに伸ばした状態で止めておくストレッチを「静的ストレッチ」と呼びますが、**筋膜の緊張をとって伸ばしていくには、この静的ストレッチを少なくとも2分以上継続すると効果が現れると言われています。**10秒くらい伸ばしただけでは、それほど大きな効果を得ることはできないのです。

効果を上げるためには、**伸ばしている筋肉にしっかりと意識を向ける**ことも大切です。そのため、本書ではトレーニング、ストレッチとも、ターゲットとする筋肉や関節を、イラストを掲載しながら詳しく説明しています。

ストレッチをしているときに、どこの骨とどの骨が離れて筋肉が伸びているのか、どの向きに動かすことでもっと伸びるかなどを考えることで効果を高めることができます。自分のカラダの構造のイメージを構築していきながら、取り組んでください。

静的ストレッチで筋膜リリースの効果を出すには、2分以上継続することが必要とされている

ストレッチについて

④

動きの中で可動域を増やす「動的ストレッチ」

運動前にウォーミングアップとして取り入れられることの多い「動的ストレッチ」。たとえば、歩きながら股関節を大きく回すように動かしたり、肩甲骨から肩をぐるぐる回すといった、**動きの中で筋肉を伸ばし、柔軟性を向上させるストレッチの方法**です。

静的ストレッチは筋膜が効果的に伸ばせる反面、行なった直後は筋肉の仕事である縮もうとする力を一時的に弱くしてしまうため、運動前には向きません。

運動前には、軽く筋肉を温め、心拍を上げるために、動的ストレッチやランニング、または軽い負荷でのトレーニングを推奨します。カラダに対して、これから少し負荷をかけるサインを送り、カラダに準備をさせることでケガの予防やパフォーマンスアップにつながるとされています。

静的ストレッチを行ないながら、筋肉や骨のイメージをしっかりと頭に叩き込むことで、複雑な運動である動的ストレッチを正しく行なえるようにもなります。**動きに即してカラダの中の骨と筋肉がどう動いているかをイメージしながら動けるように**、イラストをしっかりと眺めていただければと思います。

動的ストレッチは、体温を上昇させ、筋肉の可動範囲を広げる。運動前だけでなく、仕事の合間に凝り固まった筋肉をほぐすことにも効果がある

ストレッチについて

5

ストレッチは習慣化すると効果的に

トレーニングは、行なってから次のトレーニングまでの間に、2～3日の筋肉の回復のための時間が必要です。

しかし、**ストレッチは頻度が高いほど効果的**なものとなります。

1週間に1回だけ何時間もかけて行なうより、1日に何回か気づいたときに行なうほうがより大きな効果が得られるのです。

そのため、**いかに日常の中で習慣的に行なえるかが大切**です。

場所を選ばずに行える方法を自分なりに考えて、常に行なうように心がけましょう。

その際、がんばろうと思ってリキんでしまうと、継続しにくくなるだけでなく、かえってカラダを固めることにもなるので避けていただければと思います。

テレビでゴルフ中継を見ながらなど、「～しながら」ストレッチやトレーニングをすることも良いと思います。ただし、ストレッチもトレーニングも「どこを」伸ばしているのか、鍛えているのか。さらにはどのような動きのために行なっているのか、を意識することが効果を高めるカギですので、その点にも気をつけていただければと思います。

いつでも、どこでも、時間を見つけて、取り組むことがとくに「柔軟性を高める」作業については推奨される。その工夫をしてみよう

ストレッチについて

6

ストレッチとトレーニングはセットで！

「筋肉を鍛える」という場合は、該当する筋肉を縮めているわけですが、同時に反対側にある筋肉を伸ばしてもいるはずです。

つまり、ある部分の動きを大きく、かつスムーズにしていくには、**縮める筋肉を強くし、なおかつ反対側の筋肉がよく伸びる**ようにしておかなければならないのです。

本書では、スイングに必要なカラダの動きを改善していくために、動きの悪い部分を見つけ、縮める力を強めると同時に、伸ばすしなやかさを高めていけるよう、トレーニングとストレッチを組み合わせた構成になっています。

また、神経が通っておらず、動かす感覚もないというケースが多く見られる要素については、特別に「モビリゼーション」（動くようにする）のメニューも含めています。

ストレッチやトレーニングを行なう際に、その動きとカラダの構造を正しく関連付けてイメージできるようになれば、**スイングの中のカラダの構造と動きをもイメージでき**るようになり、動きの改善に大きな利益を生むはずです。

それでは、ボディ・フィッティングのメニューを紹介していきましょう。

理想のスイングとのギャップがどこにあるのか。カラダの構造と理想の動きを理解し、どこを伸ばしてどこを縮めるのかを把握することが、ボディ・フィッティングではカギとなる

第3章

実践編

ゴルフ・ボディ・フィッティング
部位別ストレッチ&トレーニング

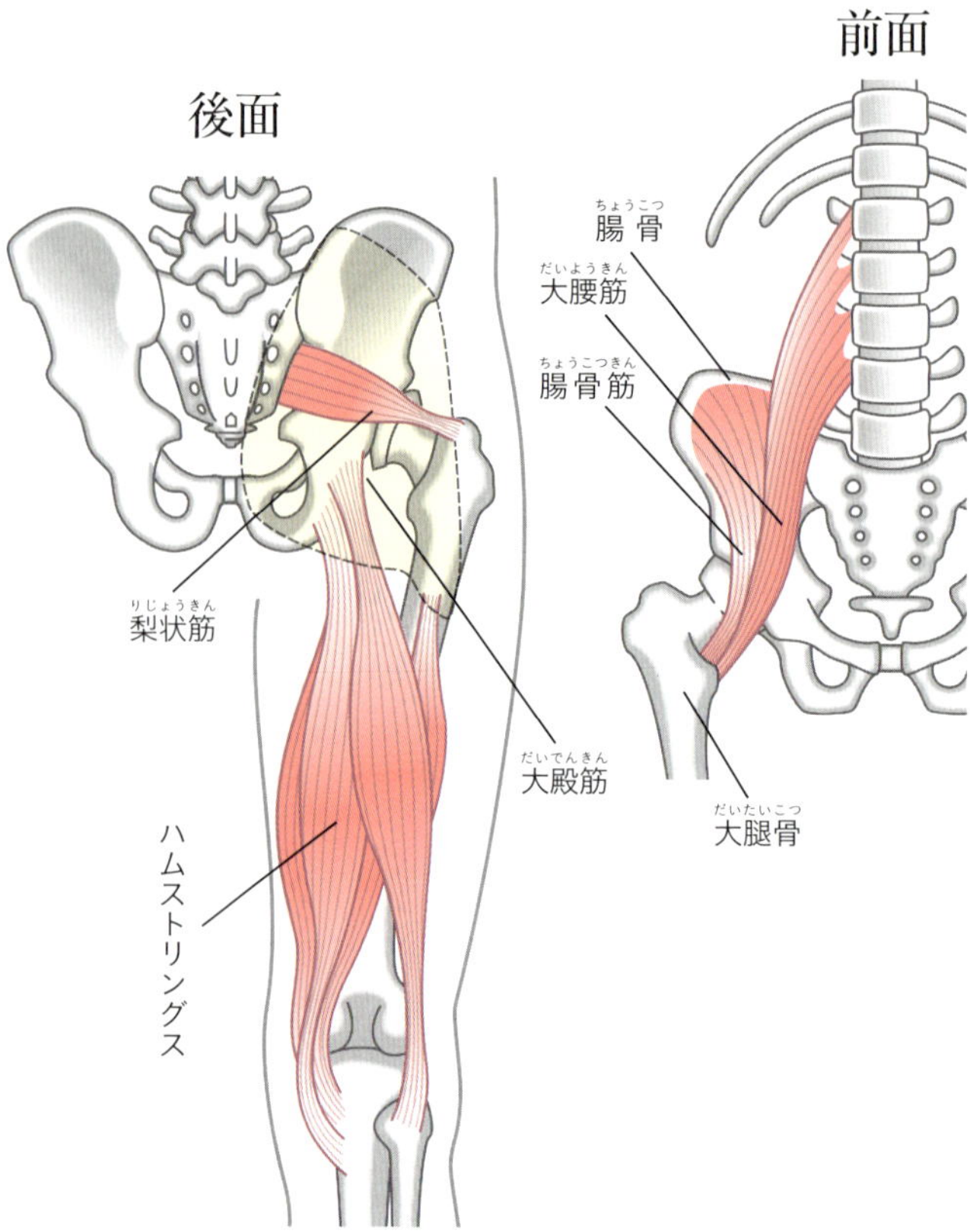

1 股関節《こかんせつ》

上半身の回転と下半身の押す力をつなぐ

股関節は、大腿骨（太モモの骨）と骨盤をつなぐ関節です。大腿骨の上端（骨頭）が球になっているのに対し、骨盤側はそれを包み込む形になっています（寛骨臼《かんこつきゅう》）。**そのため前後左右や回転など自由に動かせます。**前後の動きが「屈曲・伸展」、開閉の動きは「外転・内転」、捻る動きが「内旋、外旋」です。

前に動かす屈曲は前側にある腸腰《ちょうよう》筋《きん》や大腿直筋など、後ろへ動かす伸展はお尻側の大殿筋や、大腿二頭筋を含むハムストリングス。外へ動か

股関節の動き

右太モモを後ろ側へ引く動きも重要な役割を果たす

Ⓐ伸展・屈曲

伸展＝股関節を伸ばす
＝モモを後ろに動かす

屈曲＝股関節を曲げる
＝モモを前に動かす

CHECK

股関節の伸展の動きが悪いと起きるミス

骨盤の回転が途中で止まる

⇓

飛距離不足／ダフリ・トップ／ヒッカケ／フック／スライス

→P50へ

股関節の屈曲の動きが悪いと起きるミス

前傾角度が維持できない

⇓

ダフリ・トップ／プッシュスライス／スライス／飛距離不足

→P38へ

す外転は中殿筋や小殿筋など、内へ動かす短内転筋や長内転筋など。外旋、内旋はそれらが関わり合って担っています。

またいくつかの筋肉は股関節と同時にヒザ関節にも関わっています。

股関節の動き

Ⓑ外転・内転

腰の回転には
太モモの横への
動きが必要！

CHECK

水平外転

股関節の外転の動きが悪いと起きるミス

右ヒザが内に折れる

⇓

インパクト後も右ヒザが落ちたまま

⇓

ダフリ・トップ／ヒッカケ／スライス／飛距離不足

→P46へ

股関節の内転の動きが悪いと起きるミス

トップで右ヒザが流れる

⇓

脚の力が回転につながらない

⇓

スライス／フック／ダフリ・トップ／飛距離不足

→P42へ

水平内転

股関節の動き

ⓒ外旋・内旋

腰の回転とは逆回りの動きが太モモに起きている

外旋＝
太モモが
外へ捻れる

内旋＝
太モモが
内へ捻れる

CHECK

股関節の内旋の動きが
悪いと起きるミス

回転が不十分

↓

フックノプッシュ／飛距離不足

→P54へ

両股関節の屈曲

モモ裏の筋肉が硬いと背骨のカーブが不自然になる

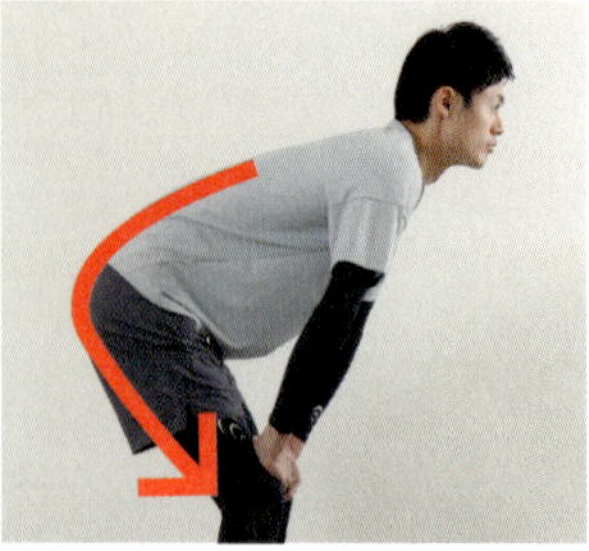

ハムストリングスが硬くて十分に伸びないと、引っぱられて骨盤を後傾し、背骨のカーブがなくなってしまう

お尻から太モモ裏の筋肉が硬直していると股関節を前傾させた姿勢がつくれない

背骨のS字が崩れると体幹が自然に動けない

直立しているとき、背骨はゆるやかなS字カーブ（生理的弯曲）を形成しています。**この弯曲を維持したまま前傾をつくることが、スムーズな回転運動につながり、また腰痛の予防にもなります。**この弯曲を維持するには、股関節を屈曲させ、骨盤を自然な角度に前傾した構えをつくることが大切です。

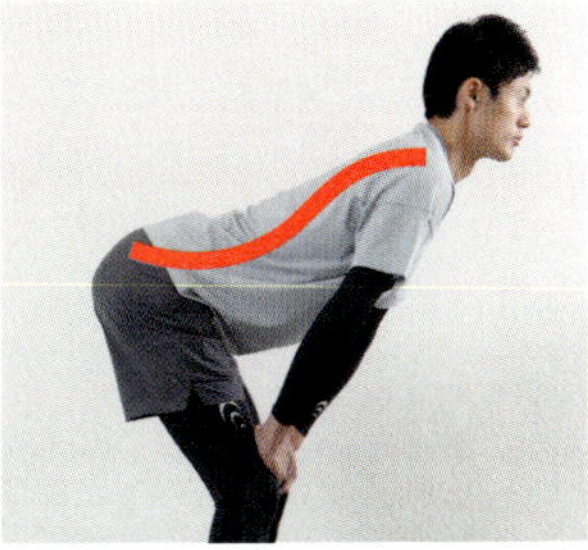

直立しているときにできている背骨の生理的湾曲を維持したまま前傾するには、骨盤が前傾することが条件

お尻から太モモ裏の筋肉が十分に伸び、腰の前側の筋肉が縮んで安定すると、きれいな前傾姿勢で構えられる

両股関節の屈曲を最適化する

STRETCH

動かしやすくする

ハムストリングスのストレッチ

ハムストリングスは太モモの裏側にあり、坐骨（骨盤下部）と大腿骨、さらに脛骨（スネの骨）につながっています。

この筋肉群が硬いと股関節の屈曲が妨げられます。

1

ヒザを少しだけ曲げた状態で両ヒザの上に手をつき、中腰になる

2

ヒザの角度が変わらないようにお尻の高さをキープし、骨盤を前傾させ、腰を反らしていく

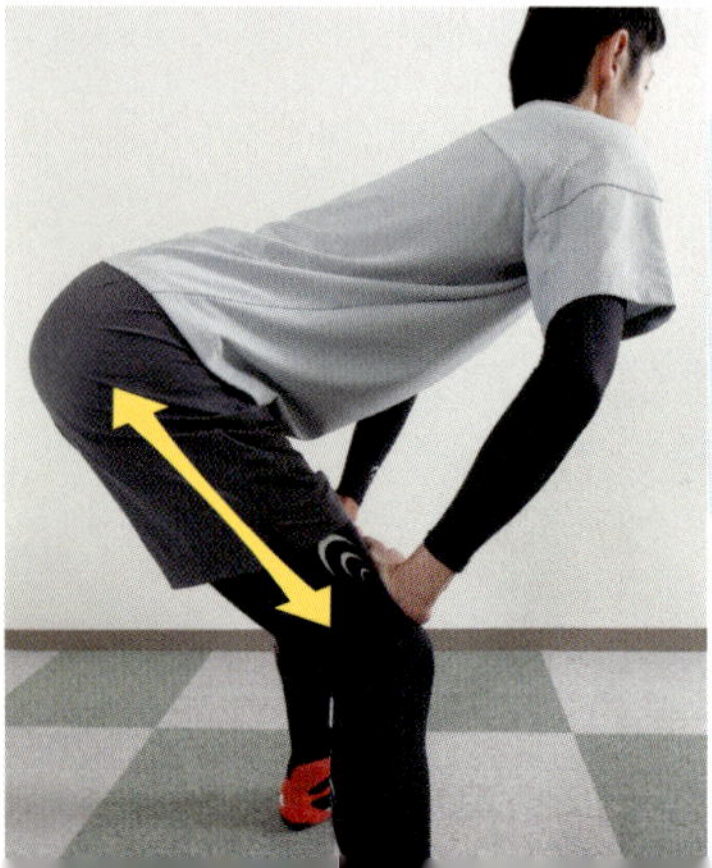

ハムストリングスの内側が伸びていることを感じながら10秒維持したらリラックスし、これを10回繰り返す

TRAINING

動かす力を強くする

腸腰筋のトレーニング

腸腰筋はそけい部（脚の付け根）にあり、
腸骨（骨盤上部）の内側や腰椎から大腿骨の付け根の内側を結んでいます。
腸腰筋が弱いと股関節がスムーズに屈曲しない原因となります。

1

あぐらをかき、両腕をクロスさせて手を肩の上に置き、リラックスして座る

2

お尻の穴を後ろに向けながら腰を反らすようにして、骨盤を立てる

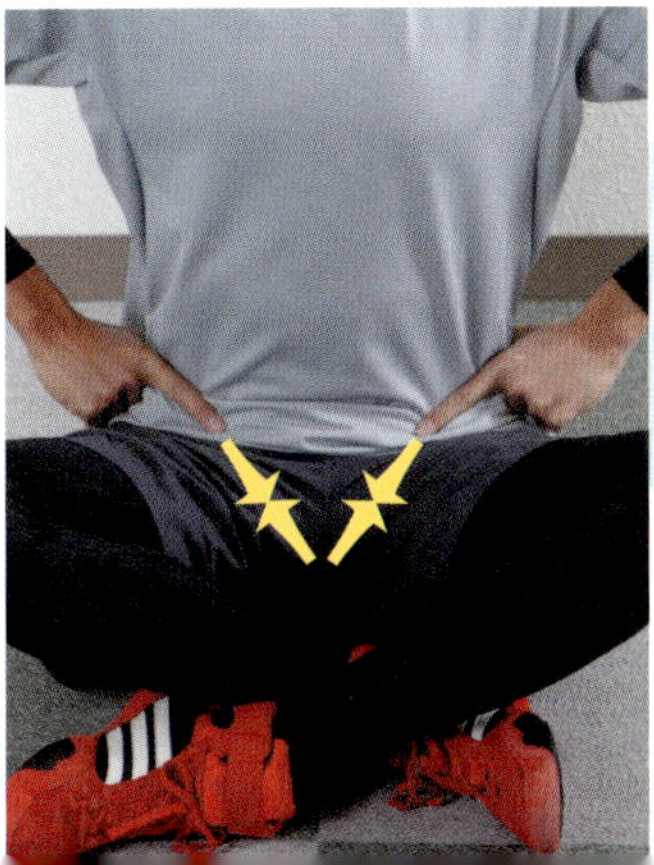

そけい部の筋肉に疲労感が出てくるまで行なう

両股関節の水平内転

太モモ内寄せの動きがないとヒザが横ズレする

✕ 腰がバックスイングで右に回っていくときに右太モモがカラダの内側へ寄る動きがないと、ヒザが外へ向き、脚の力が体幹に伝わりづらくなる。ダウンスイングも同様だ

モモを内に寄せる動きで腰の回転力が上に伝わる

バックスイングで右ヒザが右へ、ダウンスイングで左ヒザが左へ、つまり外方向に流れると脚の力（地面の力）と骨盤の回旋の力を上半身の回転力にうまくつなげられません。**骨盤が回旋する中で、骨盤に対して大腿骨を内側に動かす、**股関節の水平内転の動きができていないことが大きな原因です。

◎「ヒザの位置（または向き）を変えない」という動き方は、太モモをカラダの内へ寄せる動きを使ってはじめて実現する

両股関節の水平内転を最適化する

STRETCH

動かしやすくする

梨状筋のストレッチ

梨状筋はお尻の奥にあり、仙骨と大腿骨の外側を結んでいます。
この筋肉が硬いと、水平内転の動きが妨げられます。

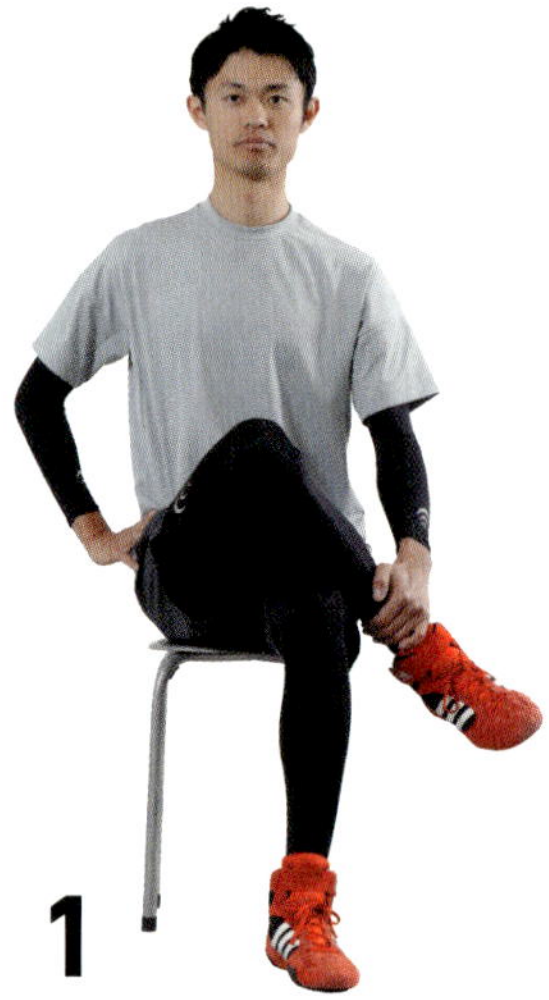

1

イスに座り、足を組み、
スネを手で支える

2

上体を前に倒しながら、
上の足の側へ捻る

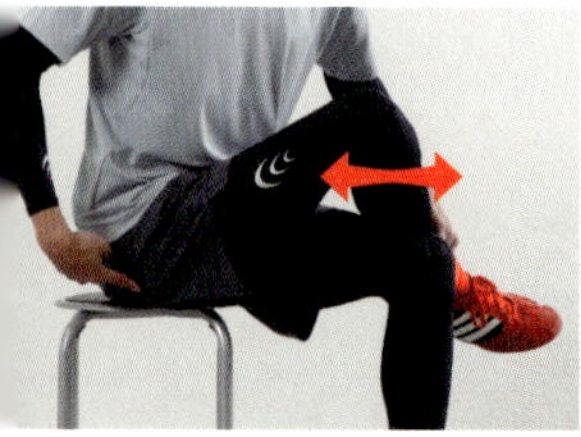

足を組む深さで伸びる箇所が変わる

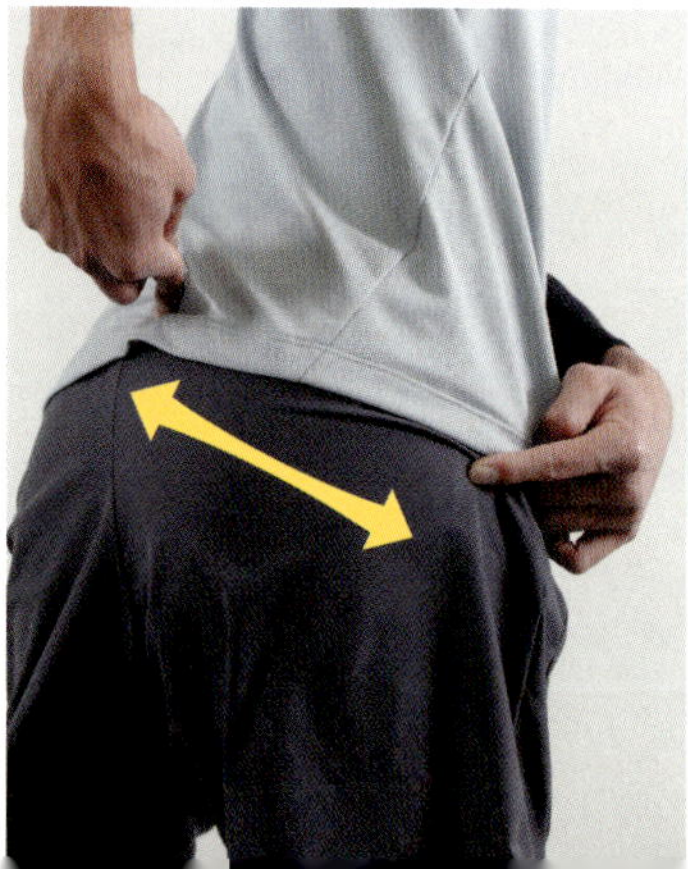

上の足側のお尻の奥が伸びていることを感じながら10秒。伸ばしたら脱力。10回繰り返す

TRAINING

動かす力を強くする　内転筋のトレーニング

内転筋は太モモの内側にあり、恥骨と大腿骨の内側を結んでいます。
内転筋が弱いと、水平内転がスムーズに行なえません。

1

イスに座り、クッションなどをヒザの間に挟む
（両手は交差させて胸に当てておく）

2

クッションをつぶすように力を入れ、カラダを捻る

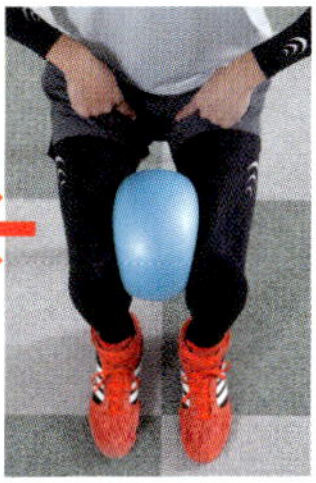

ヒザの位置が動かないように気をつける

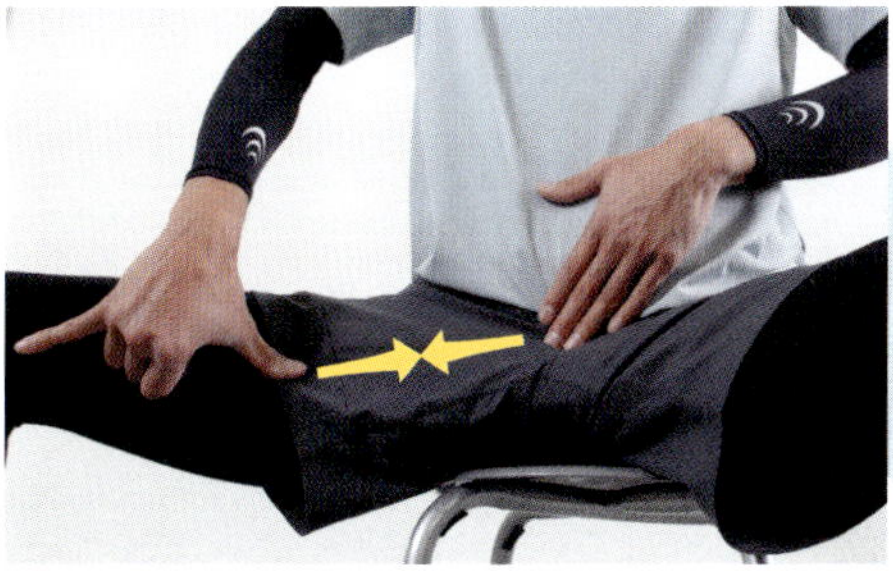

太モモの内側の筋肉に疲労感を感じられるまで行なう

右股関節の水平外転

ダウンスイングでは右太モモを外へ押し離す

右脚を外向きに回すと腰が鋭く左へ回転する

ダウンスイングからインパクトに向かって骨盤をさらに左に向けていく際、切り返して一度内側に入った右ヒザが折れたままだと、力が骨盤にうまく伝わらず、回旋力を失ってしまいます。**股関節の水平外転の動き、つまり恥骨から大腿骨が離れていくことで、地面を押しながら強く骨盤を回旋させていく土台がつくられます。**

ツマ先で踏んで右カカトが早い段階で上がる動きでは脚の力を効率よく使えない

×

右股関節の動きがないと、右足は腰の回転に伴って動き、左足に寄せられる。この体勢では右足の力を回転につなげられない

カカトが軽く浮く程度の状態で地面を踏むと、力が腰から上体へとスムーズに伝わっていく

◎

右足が地面を蹴る力を回転に伝えようとするならば、右足は股関節の水平外転をする必要がある。右足の状態がまったく違っている

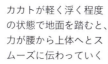

右股関節の水平外転を最適化する

STRETCH

動かしやすくする

内転筋のストレッチ

水平内転での内転筋の使い方は、
収縮でした。が、外転では内転筋を伸展させます。
硬くなっていては伸びてくれません。

1

うつ伏せに寝た状態でヒザを外に開き、股関節を90度開く

2

骨盤がなるべく開かないように維持し、45度まで下ろす

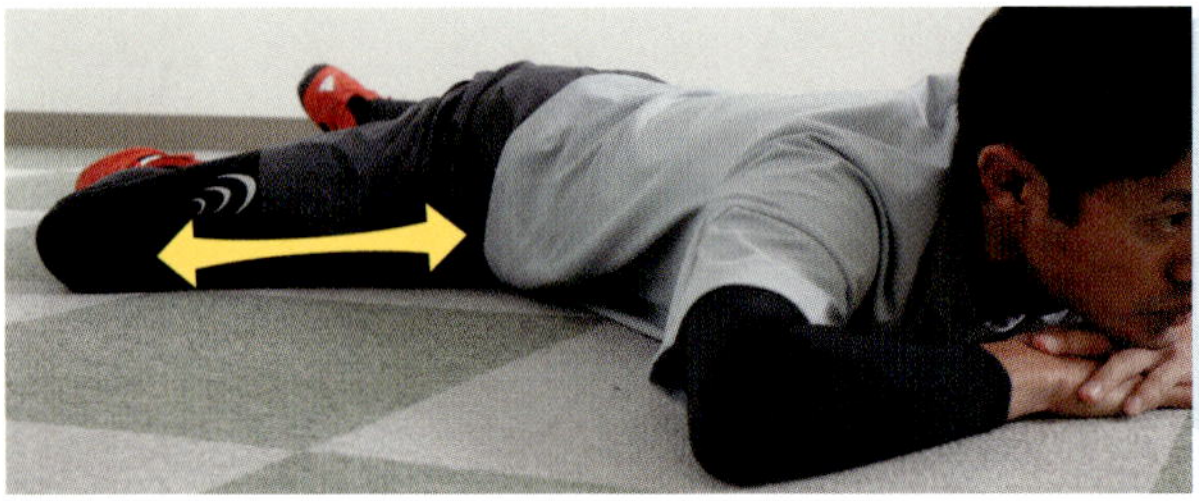

90度から45度までゆっくり10往復動かす

骨盤がなるべく開かないように維持し、45度まで下ろす

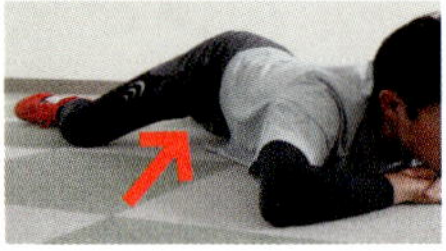

×

TRAINING

動かす力を強くする

梨状筋、大殿筋のトレーニング

股関節の水平外転では、お尻の奥にある梨状筋と、
その外側にある大殿筋を収縮させます。
それぞれ仙骨と大腿骨付け根の外側を結んでいます。

1

仰向けでヒザを曲げ、股関節を 45 度開いた状態でクッションなどを下に置く

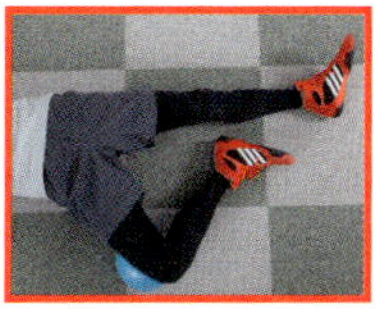

股関節は45度開く、
ヒザは90度曲げる

2

床にヒザを押しつけクッションをつぶす

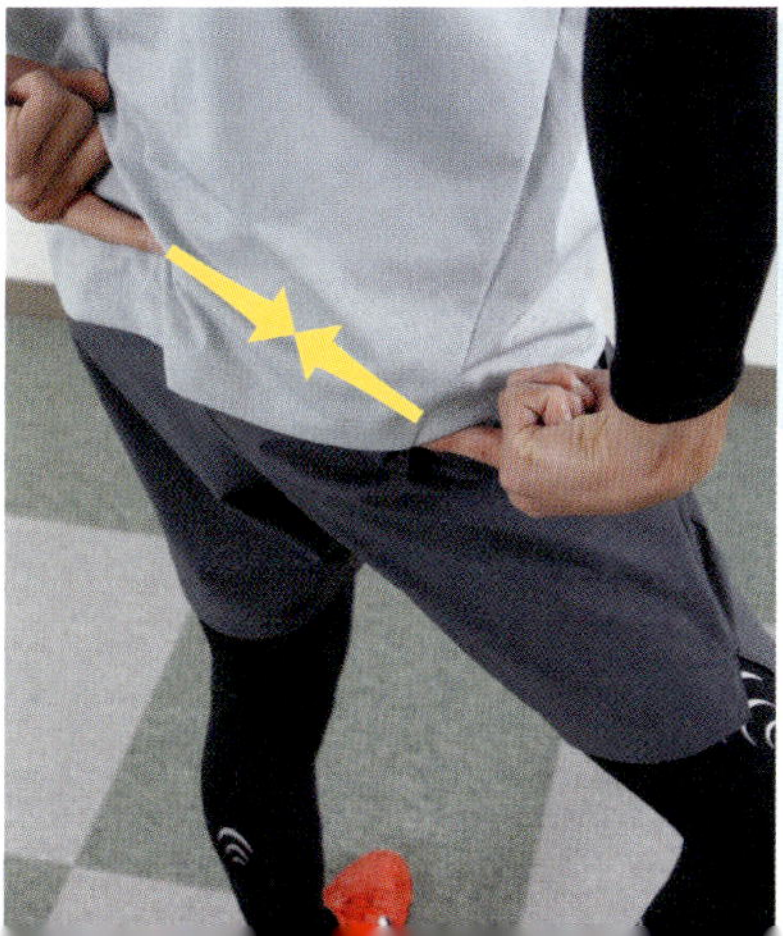

梨状筋や大殿筋など、お尻の筋肉に疲労感を感じるまで行なう

右股関節の伸展

ダウンスイング後半は右太モモを後ろに伸ばす

右腰が目標方向へ押し出されないため、腰の引けたフィニッシュになる

右太モモを後ろに引く動きがないと、腰とともに右太モモが回っていく状態になり、右足で地面を踏む力は弱くなる

右脚を後ろへ引くと腰でインパクトを押せる

ダウンスイングのはじめに右股関節が水平外転したあと、大腿骨は後ろに動きます（股関節の伸展）。これにより地面を踏む右脚の力が右骨盤へ直接伝わり、力強く回転していきます。右カカトを低い位置に保ったまま地面を押すベタ足の使い方をするため、股関節の伸展は欠かせない動きです。

右骨盤が十分に目標方向へ押し込んだ位置でフィニッシュがとれる

右股関節が外転に続いて伸展（後ろに動く）することで、右脚の力で右の骨盤を目標方向へ押し込み、体幹を力強く回転させる

右股関節の伸展を最適化する

STRETCH

動かしやすくする

腸腰筋のストレッチ

腸骨や腰椎と股関節付け根の内側を結んでいるのが腸腰筋。
これが硬くなっていると股関節の伸展が妨げられます。

1 大きく一歩前に踏み出した状態で、後ろ側のヒザを床につける

骨盤が前傾したり、上体が前屈みにならないよう気をつける

2 骨盤が前傾しないように気をつけ、下腹部を前に押し出す

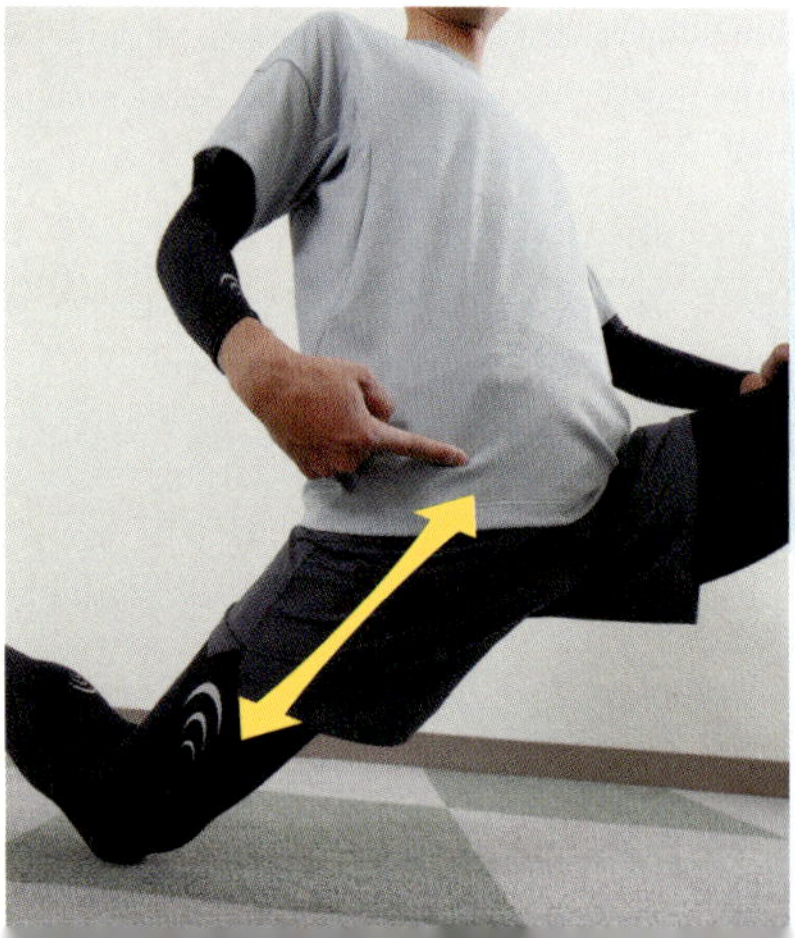

腸腰筋や太モモの前が伸びていることを感じる。10秒伸ばしたら脱力し、10回繰り返す

TRAINING

動かす力を強くする

大殿筋、ハムストリングスのトレーニング

お尻の大きな筋肉で、腸骨の裏から大腿骨を結ぶ大殿筋や、
坐骨から太モモの裏を通って脛骨、腓骨をつなぐハムストリングスが弱いと、
スムーズに股関節を伸展させることができません。

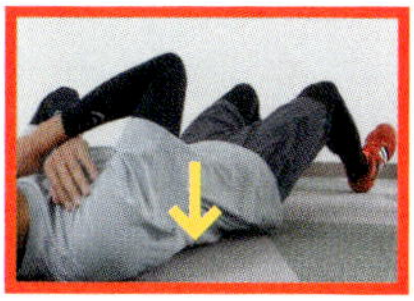

腰と床の空間を埋め、背中の下部が反らないようにする

1 仰向けで、両ヒザを軽く曲げ、カカトを地面につけたら、腰と床のすき間を埋める

2 そのままお尻を上げる

大殿筋やハムストリングスなどの、太モモの裏側の筋肉に疲労を感じるまで行なう

左股関節の内旋

インパクト後の骨盤の回旋を導く

腰の回転が途中で止まると、クラブだけが返ってしまうためヒッカケが出る

左太モモを内に捻る動きがスムーズにできないと、ダウンスイングの途中で腰の回転が止まってしまう

左足上で骨盤が回るとき左太モモは内に捻れる

インパクトからフィニッシュにかけて重心が左に乗りながらカラダが起き上がっていく中で、骨盤が左に回旋していくためには、左股関節が内旋していく必要があります。内旋とはツマ先を内に向ける方向に大腿骨を捻る動き。内旋の可動域が足りないと股関節が詰まったように骨盤の回転が止まり、ヒッカケの原因になります。

◎

左太モモが内に捻れることで、腰は大きく回っていく。へそが目標を向くフィニッシュがつくれる

左股関節の内旋を最適化する

STRETCH

動かしやすくする

股関節外旋筋群のストレッチ

骨盤から大腿骨の付け根に向かって、股関節を外旋させる小さな筋肉が複数ついています。これらが硬くなると内旋のスムーズさが失われます。

1 仰向けになり、ヒザを90度曲げて足を外に出す

2 ヒザを中に倒す

3 倒したヒザの上に反対側の足首を乗せる

4 乗せた足でヒザを下に軽く押しつける

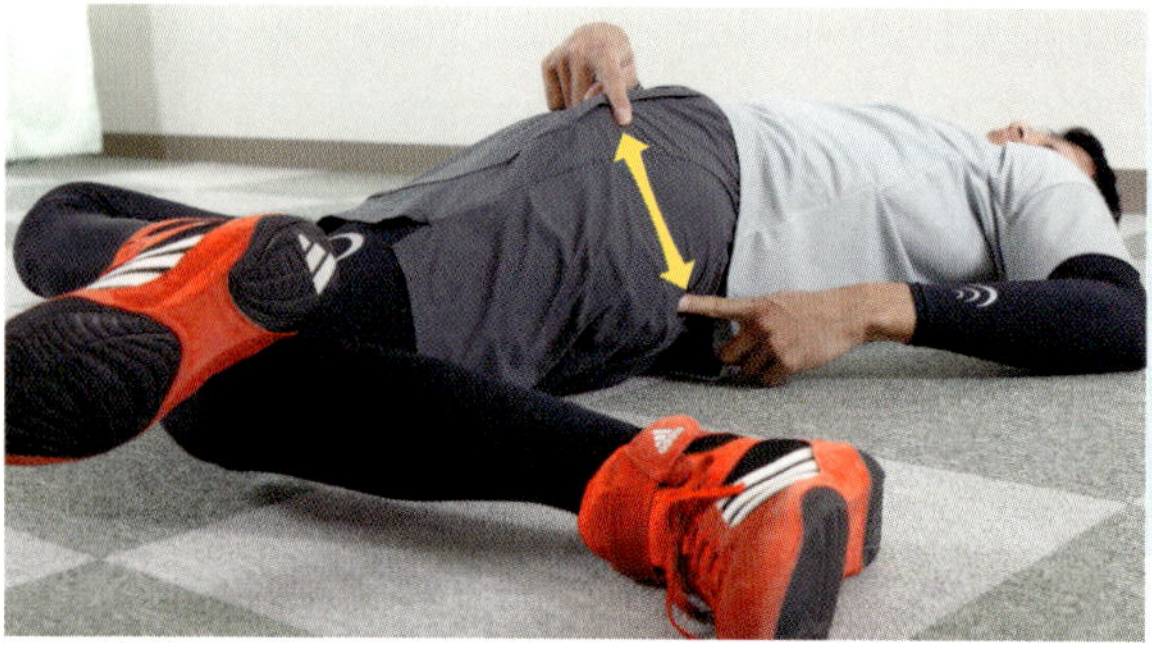

股関節の内部が伸びていることを感じる。10秒伸ばしたら脱力し、10回繰り返す

TRAINING

動かす力を強くする 股関節内旋筋のトレーニング

骨盤と大腿骨や脛骨の内側をつなぎ、股関節を内旋させるのが恥骨筋、薄筋など。これらが弱いと内旋がスムーズにできません。

1

脚を肩幅に開き、お尻の穴を少し後ろに向けるつもりで骨盤を前傾させる

2

力を入れ、ツマ先を内側に向ける

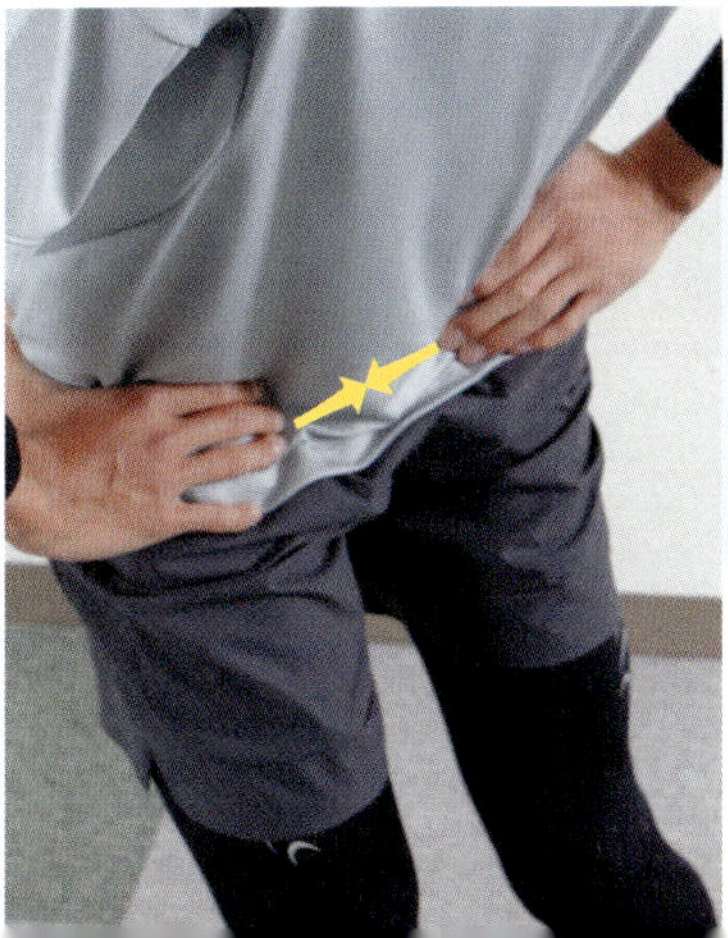

股関節の内側の筋肉に疲労感を感じるまで行なう

2

ヒザ

ヒザの曲げ伸ばしが回転に大きな力を与える

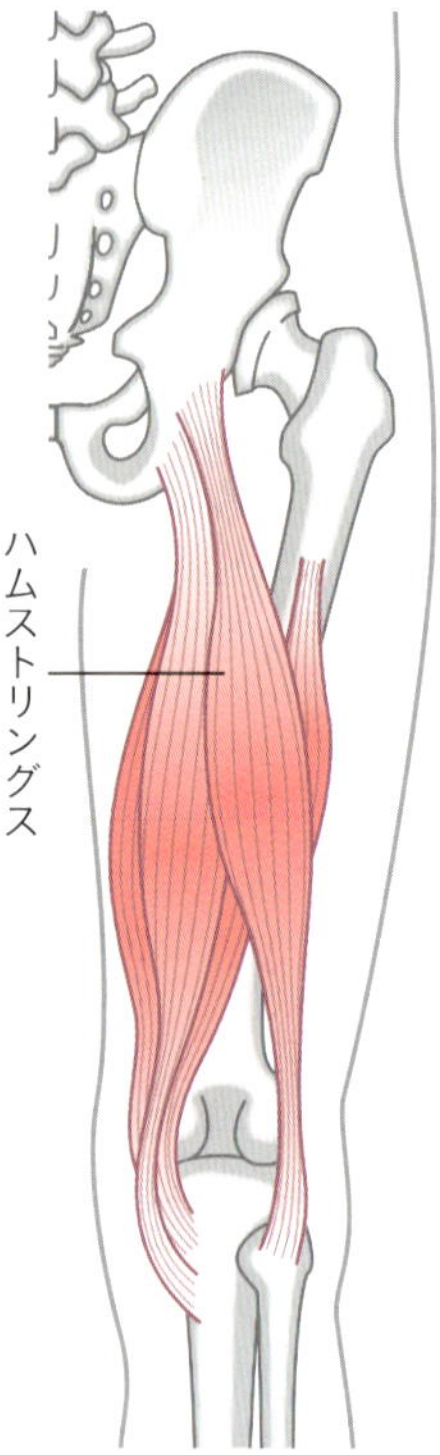

後面

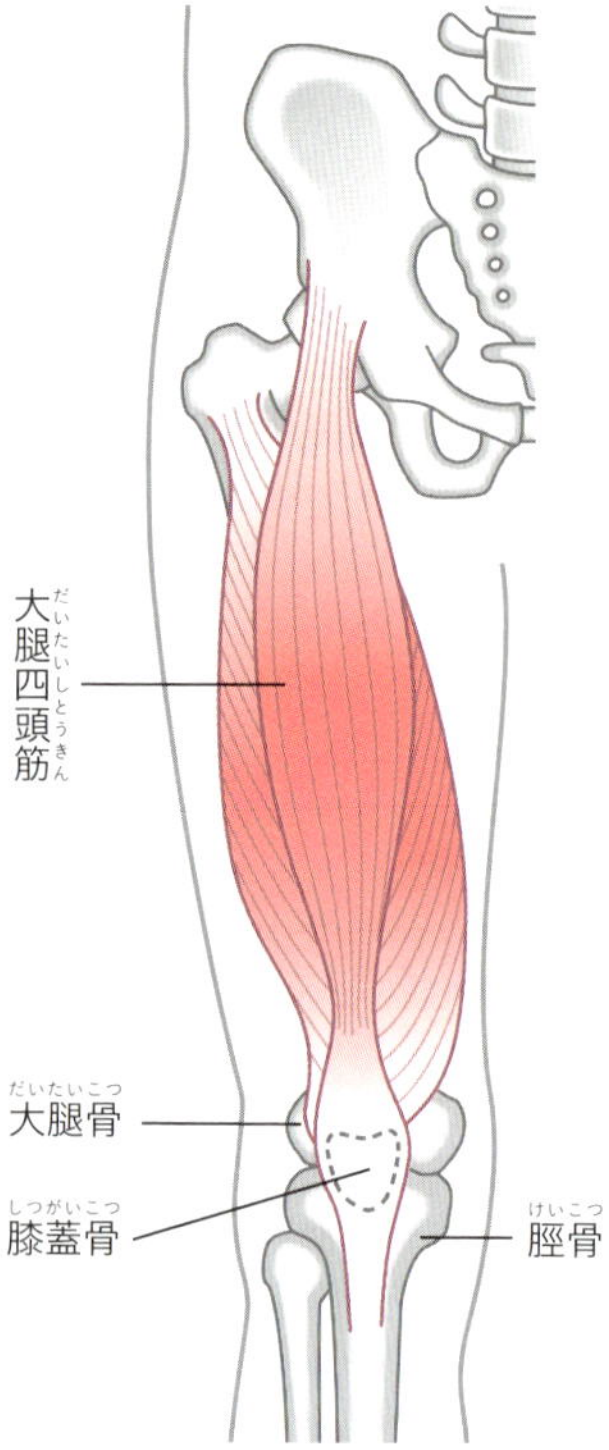

前面

ヒザは太モモの大腿骨、スネの脛骨と、膝蓋骨から構成されています。脛骨の上端は平らで、大腿骨の先端は丸くなっており、この組み合わせを、４つの靱帯と半月板や軟骨、関節液が取り囲み、なめらかに動くようになっています。

動きは主に曲げ伸ばしです。曲げた状態では、太モモに対してスネをわずかに回旋することもできます。

ヒザを伸ばすための筋肉は、太モモの前側にある大腿四頭筋、曲げる

ヒザの動き

伸展・屈曲

曲げ伸ばしだけの構造で捻れや横スライドには対応しづらい

ための筋肉は裏側にある大腿二頭筋、半腱様筋《はんけんようきん》、半膜様筋《はんまくようきん》（いわゆるハムストリングス）です。

つまり、**ヒザは「曲げ伸ばし」によって大きな力を生むことができるパーツです。逆に、捻ったり曲げたまま横にずらす動きは構造上、苦手と言えます。**

CHECK

ヒザの伸展の動きが悪いと起きるミス

↓

骨盤の回転不足

↓

飛距離不足／フック／ヒッカケ／ダフリ・トップ／プッシュ

→P60へ

ヒザの伸展

フォローにかけて左ヒザは伸びていく

左ヒザの伸ばしで骨盤を力強く回す

ダウンスイングからインパクト、フォローにかけての動きをスムーズかつパワフルにするには、**左の骨盤を背中側に動かすことが大切であり、そこで必要となるのが左ヒザの伸展です。**左股関節の内旋とともに、左ヒザを伸ばして地面を押す力を左の骨盤に伝えることで、**骨盤の強い回転のきっかけを与えることができます。**

左ヒザを曲げたままでは左骨盤が背中側に回っていかず、回転が止まって手打ちになる

左ヒザを伸ばすことで左骨盤を背中側に回しこめる。この動きが大きな回転スピードを生み出す

左ヒザの伸展を最適化する

STRETCH

動かしやすくする

内側ハムストリングスのストレッチ

坐骨からモモ裏を通って脛骨の裏についている
内側のハムストリングスが硬いと、ツマ先が内側を向いた状態での
ヒザの伸展を妨げる原因となります。

1

50センチほどの高さのイスや台の上に片足を置き、ツマ先を内側に向ける

2

おへそを上げた足のツマ先に向け、お尻の穴を後ろに向けるように骨盤からカラダを足のほうへ倒す

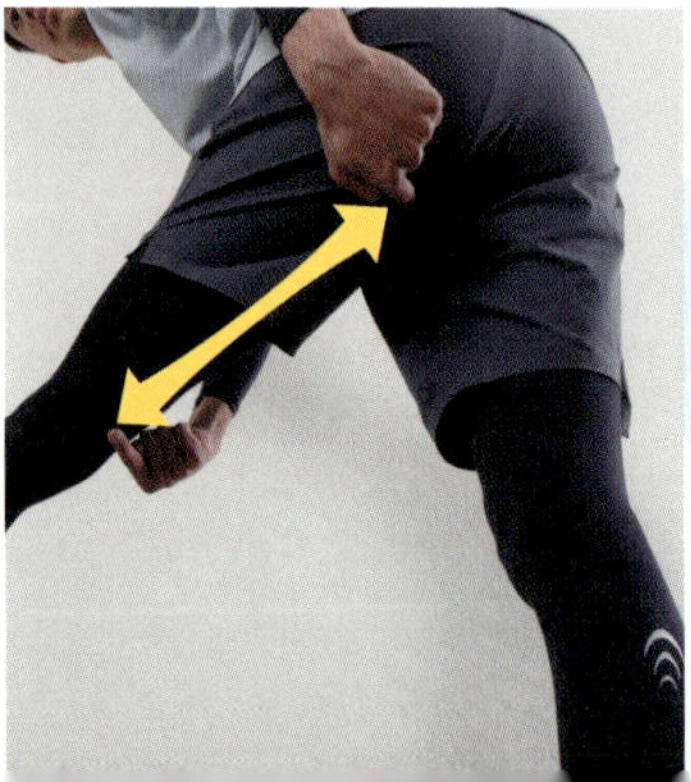

ハムストリングスの内側が伸びていることを感じながら10秒維持したらリラックスし、これを10回繰り返す

TRAINING

動かす力を強くする

外側広筋のトレーニング

モモの前側にある大腿四頭筋の中で、とくにツマ先を内側に向けた状態で働きやすい外側広筋《がいそくこうきん》を鍛えることで、スイング中のヒザ関節の伸展をスムーズにします。

1

イスに座った状態でツマ先を内側に向ける

2

ツマ先を内に向けた状態を維持したまま、片方の足を前に蹴るようにしてヒザを伸ばす

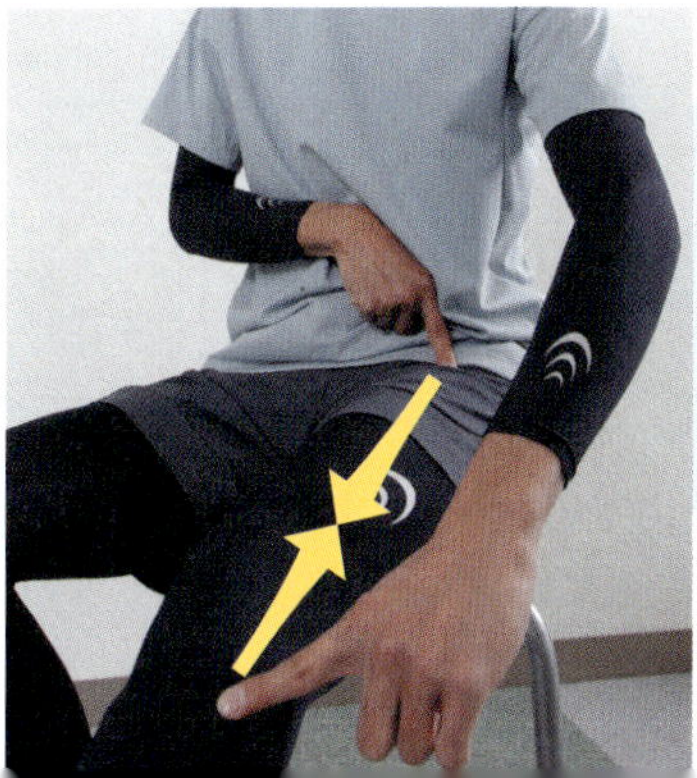

モモの表やや外側の筋肉に疲労感を感じられるまで行なう

3

足

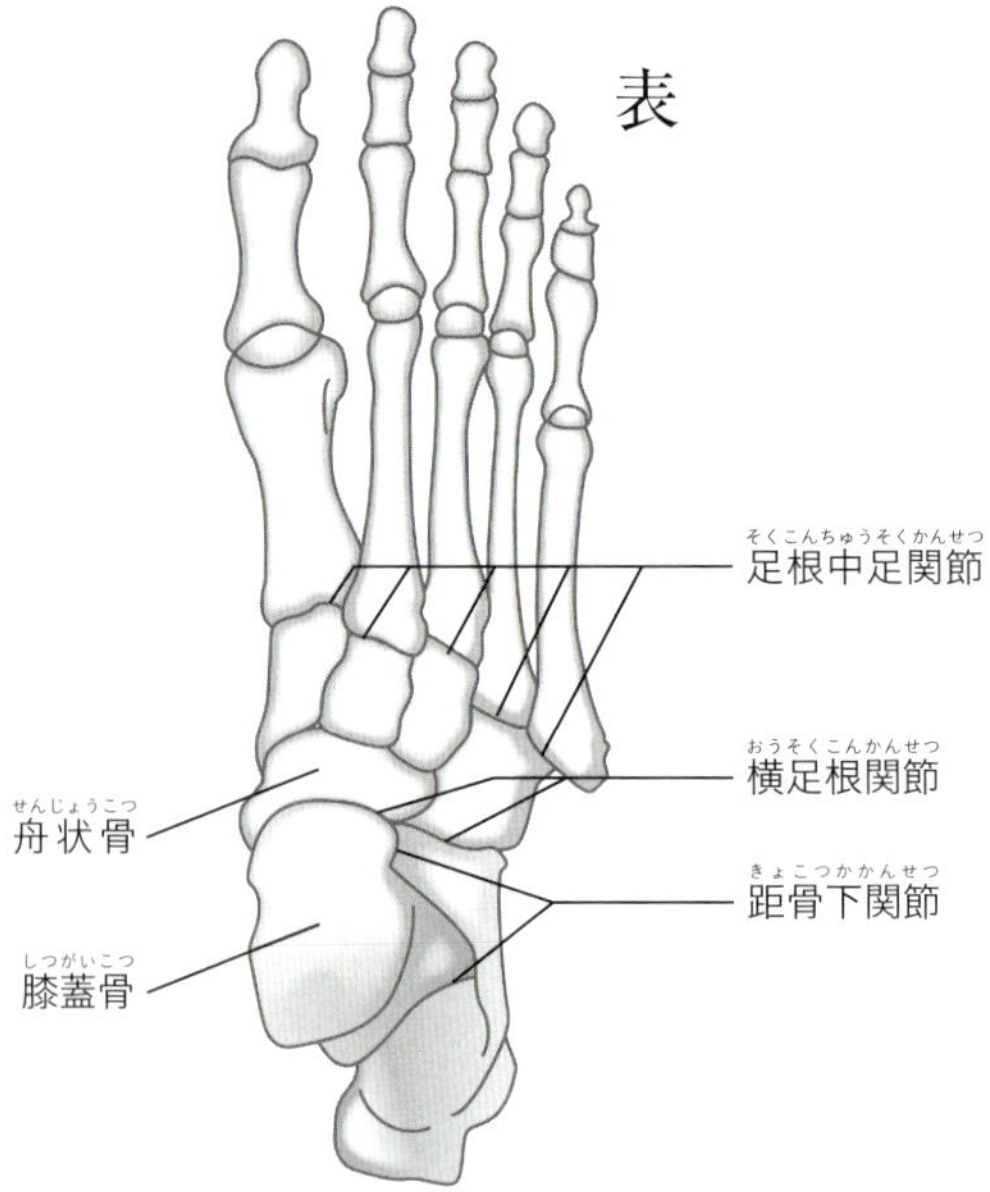

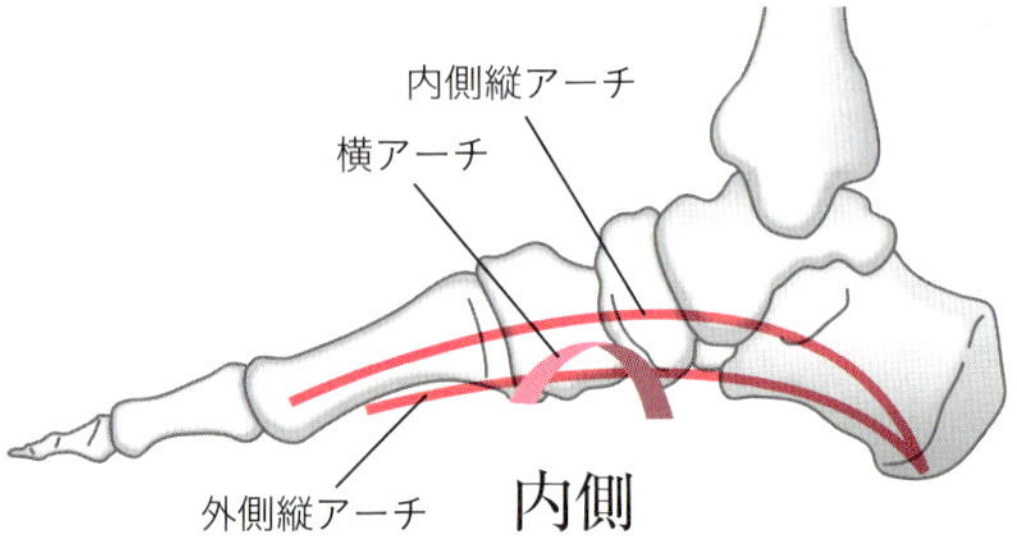

足裏のアーチが股関節の動きを最適化する

スネの2つの骨（脛骨と腓骨）が足の根元にある距骨と形成しているのが足関節です。これは蝶番《ちょうつがい》関節と呼ばれる構造で、足の甲側に折る動きを「背屈」、甲側を伸ばす動きを「底屈」と呼びます。

足には26個の骨があり、アーチを形づくって体重を支えています。**このアーチが機能していることが、スイングの回旋運動において股関節の機能を引き出すカギ。**現代人は総じてこの機能を使い切れていないため、足と脚で生み出すパワーをうまく体幹に伝えることができていません。

足の動き

足裏が機能すると
回旋運動の
質が高まる

CHECK

足底アーチ形の動きが悪いと起きるミス

足の裏がめくれてしまう
↓
股関節と連動しない
↓
ヒッカケ／スライス／プルフック／飛距離不足

→P66へ

Ⓐ足底アーチ形成

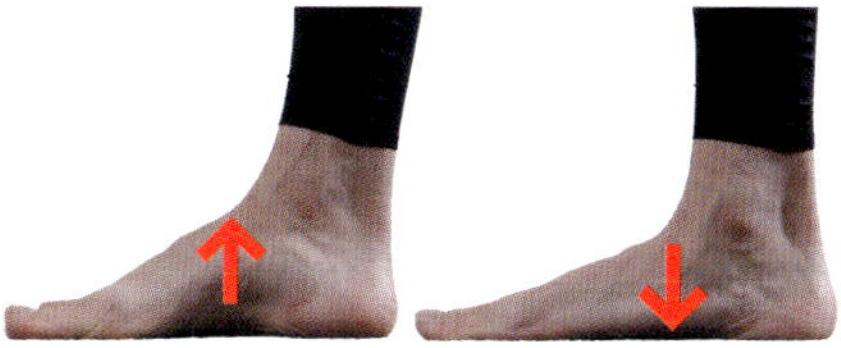

アーチを持ち上げる　　アーチをつぶす

CHECK

左足首の内転の動きが悪いと起きるミス

股関節が機能しない
↓
回転が止まる
↓
ヒッカケ／飛距離不足／プルスライス

→P70へ

Ⓑ内転・外転

内転＝ツマ先を内に向ける

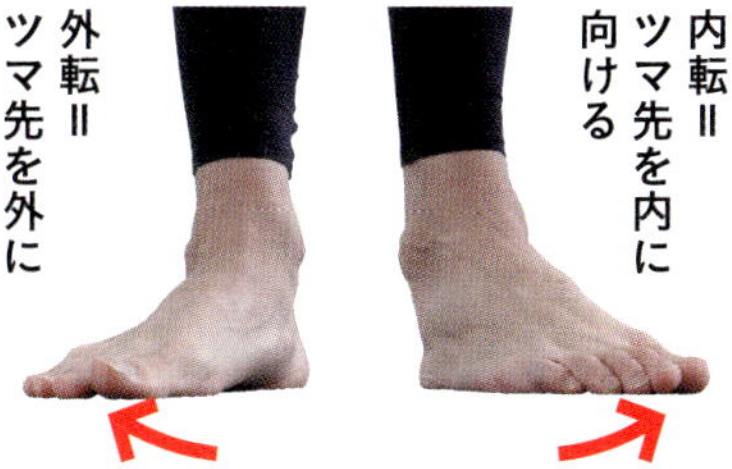

外転＝ツマ先を外に向ける

CHECK

右足首の回内の動きが悪いと起きるミス

母指球で押し込めない
↓
右足の上で回転できない
↓
ヒッカケ／球が低すぎ

→P74へ

Ⓒ回外・回内

回内＝足の裏を内に向ける

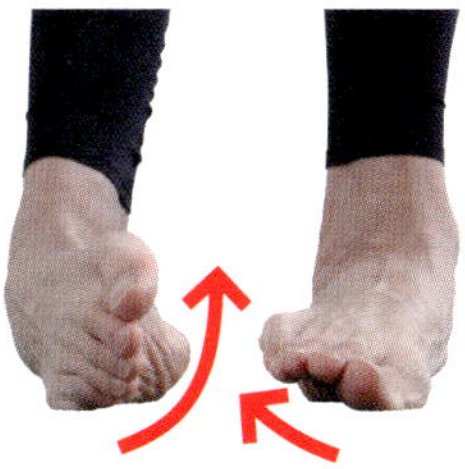

回外＝足の裏を外に向ける

Ⓓ底屈・背屈

背屈＝甲側に折る

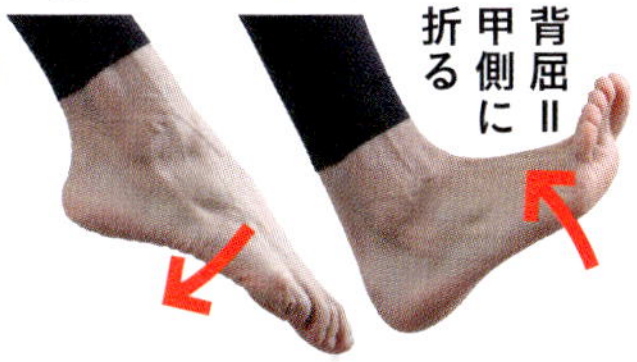

底屈＝足先を伸ばす

足底アーチの形成

足裏の機能が悪いと股関節と連動しない

足底アーチが機能しないと股関節の動きが悪くなる

足関節と股関節の運動は連動しています。**足裏が硬直し、アーチが動かないと、足関節がうまく機能せず、股関節動作につながりません。**テークバックやフォロースルーで骨盤の回転が止まり、手先でのクラブ操作につながるほか、スエーや上体の起き上がりを招きます。足底アーチの可動性をつくる必要があるのです。

バックスイングでも右足底アーチが硬いとヒザが流れる原因となり、力が逃げてしまう

足底アーチの可動域がないと、左脚の捻れに引っぱられて親指側の足裏が浮く。そうすると、股関節の動きが止まってしまう

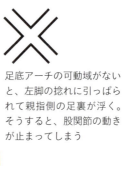

左足底アーチが硬い場合、足先を地面から離し、足全体として左に回すことで腰の回転を促すこともできる

◎

左足底アーチに十分な可動域があれば、足首と股関節が連動し、腰がスムーズに回って、前傾も維持される

足底アーチを最適化する

MOBILIZATION

動かしやすくする

足底アーチのモビリゼーション

足底アーチの頂点にある舟状骨のまわりの関節を動かすと、
アーチの形を変えることができます。「モビリゼーション」とは
筋肉のストレッチではなく、関節に直接刺激を与えてゆるめるテクニックです。

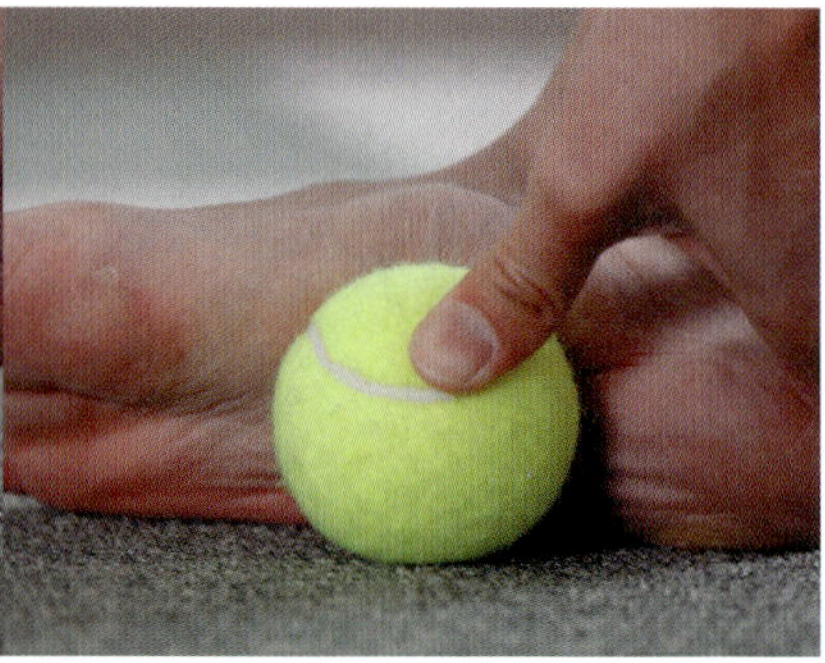

1 硬式テニスボールやタオルの端を結び目にし、足底アーチの下に入れる

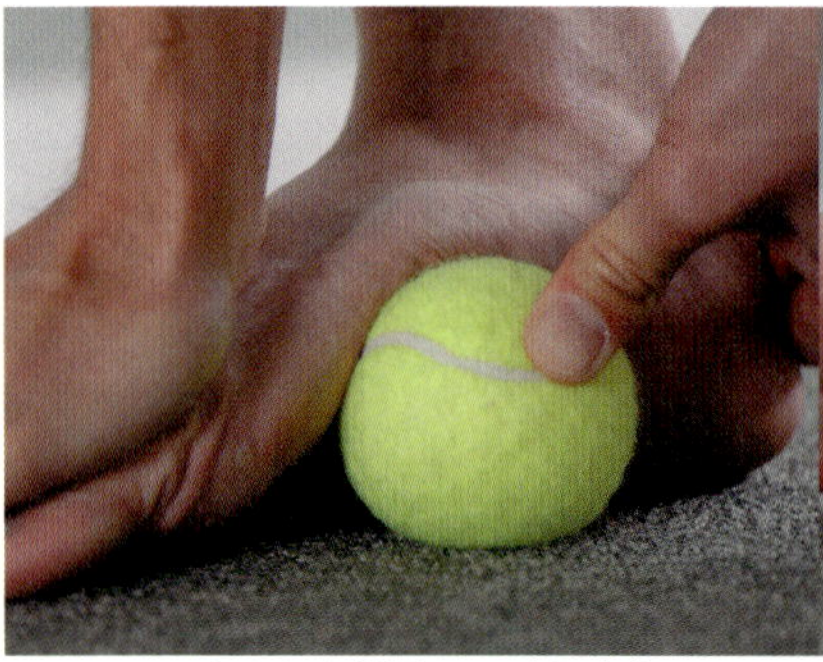

2 カカトを地面につけたまま、母指球を下に押しつけて、足の裏をしならせる

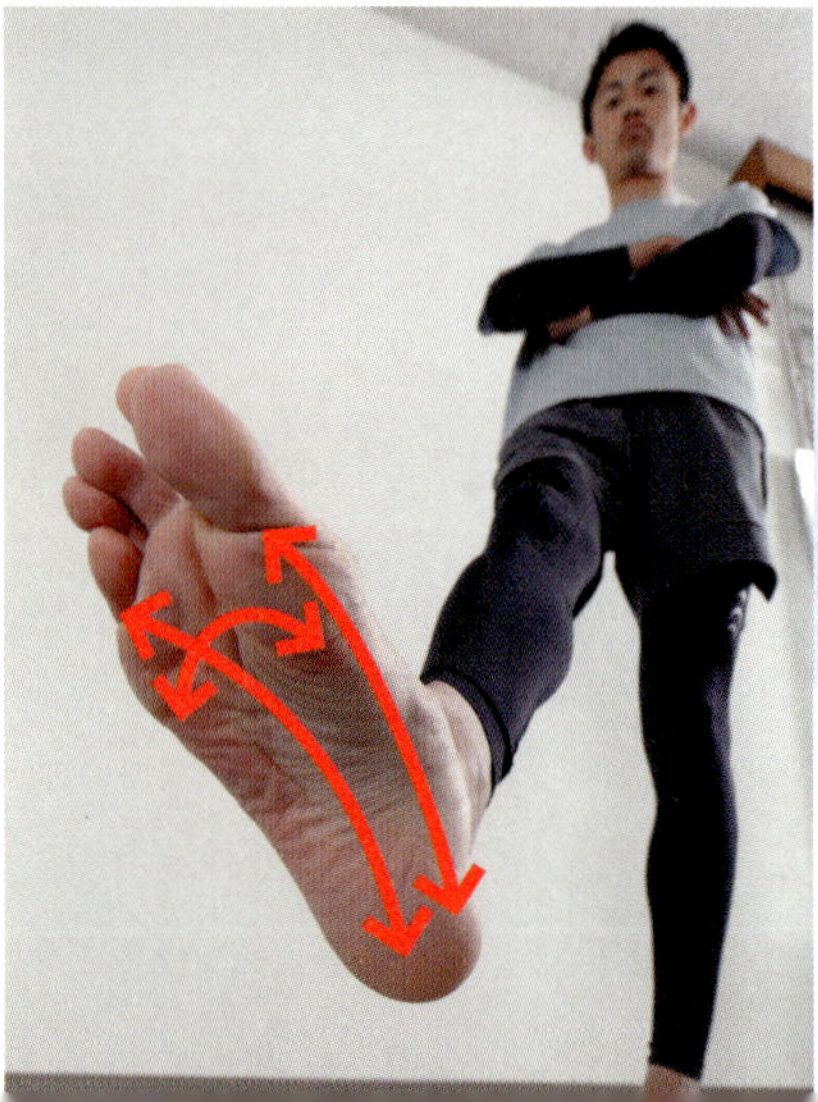

30回を目安に繰り返し、アーチの柔軟性を向上させる

TRAINING

動かす力を強くする

足底アーチのトレーニング

動きの中で足にかかってくる負荷に対抗してアーチを維持したり、動かしたりするにはこの部分に大きな筋力が必要です。舟状骨を上げ、アーチの頂点を意識的に持ち上げられるようにしておきましょう。

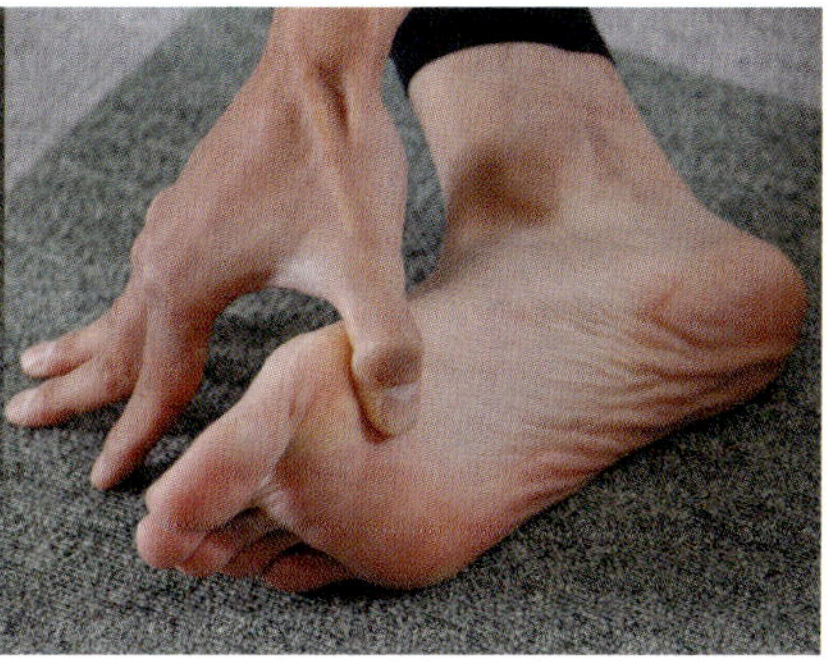

1 座った姿勢で母指球部分に親指を引っかけ、足の甲の向きに引っぱる

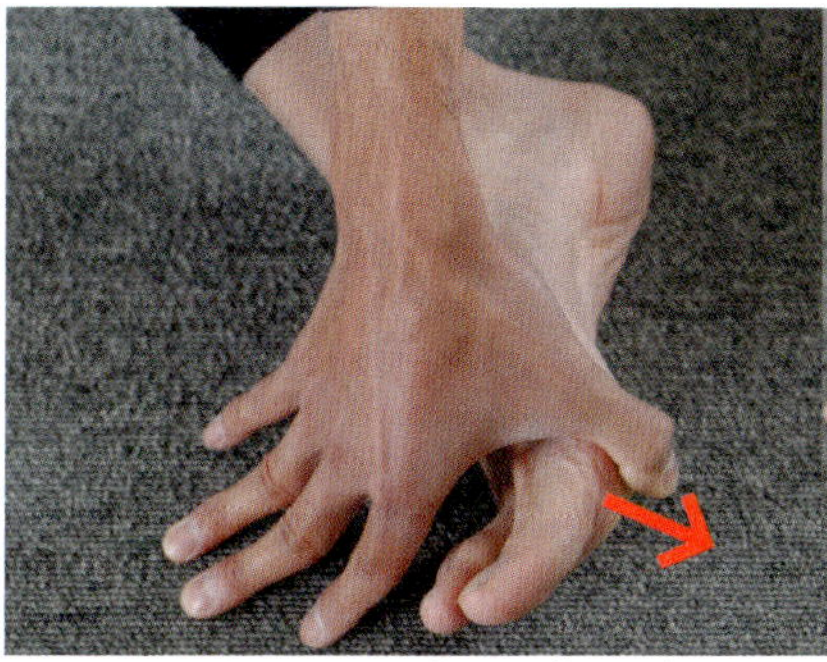

2 引っかけた親指を母指球で押し返すように力を入れ、アーチをつくる

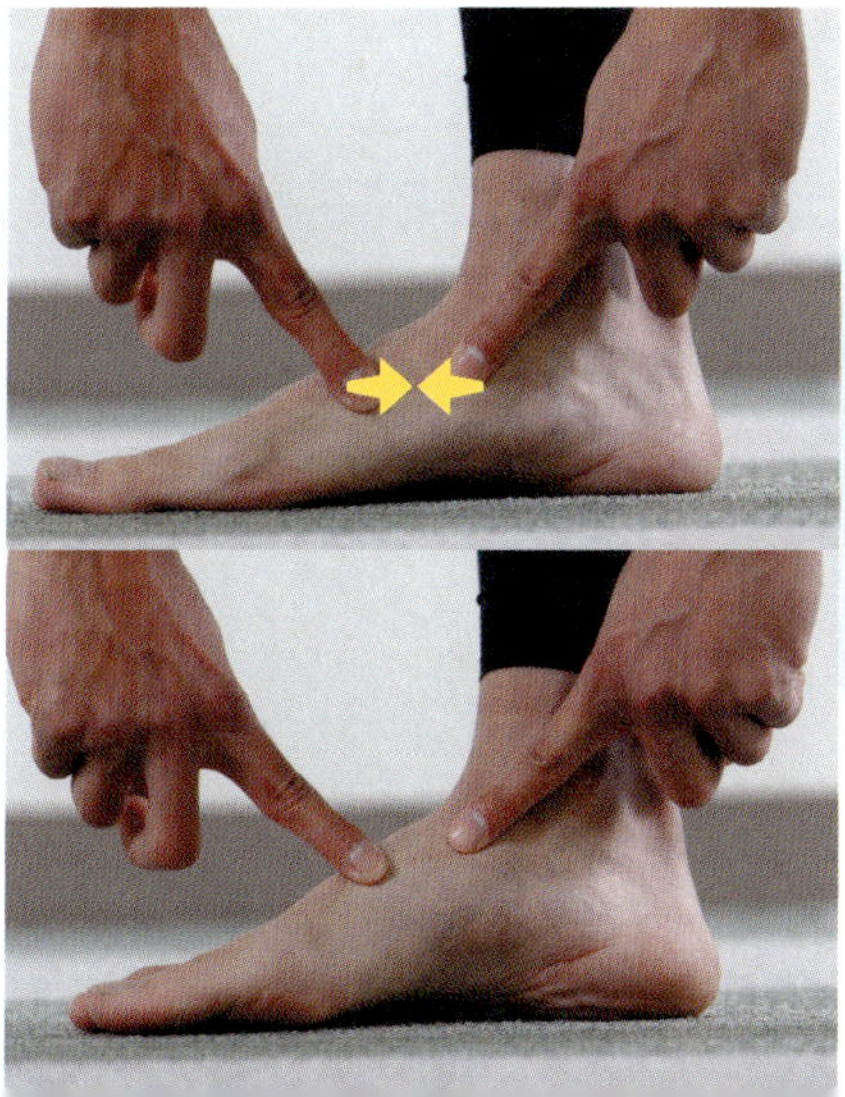

母指球の下からアーチにかけての筋肉に疲労感を感じるまで行なう

左足首の内転

ダウンスイングからフォロースルーで骨盤が左に回転するとき、左足首は内側に捻られる。その可動域が狭ければ、ヒザの向きを止め、腰の回転を止めてしまう

左太モモの内旋は足首の内転と対になる

ツマ先が内に向いてフィニッシュを支える

インパクトからフィニッシュにかけて骨盤の回転が止まってしまう原因のひとつに、左足首の内側方向への可動域不足があげられます。フィニッシュでは骨盤が飛球線方向に向いた状態で太モモが内旋しますが、足先がアドレスの時の角度を維持するためには、足関節にも十分な可動域が必要なのです。

飛距離不足
ヒッカケ
プッシュスライス

◎

足首内転の可動域が十分にあれば、腰はスムーズに大きく回っていける。足の裏のめくれも最小限となり、地面からの力を効率よく回転につなげられる

右足首の内転を最適化する

TRAINING

動かしやすくする

右足首内転のトレーニング①

第一のステップとして、座った状態で足首を単体で動かせるようにします。ヒザから下だけを使って、足首の内転ができるようにしましょう。

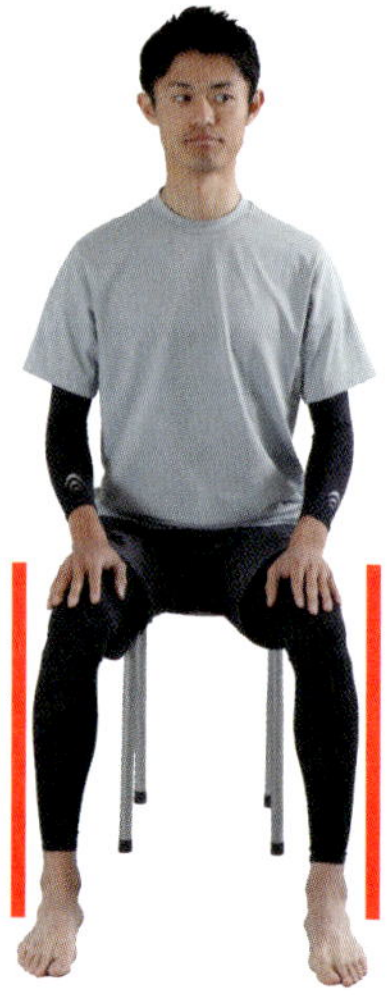

1

イスに座ってこぶし４つ分、足を開く。足からヒザのラインは平行にしておく

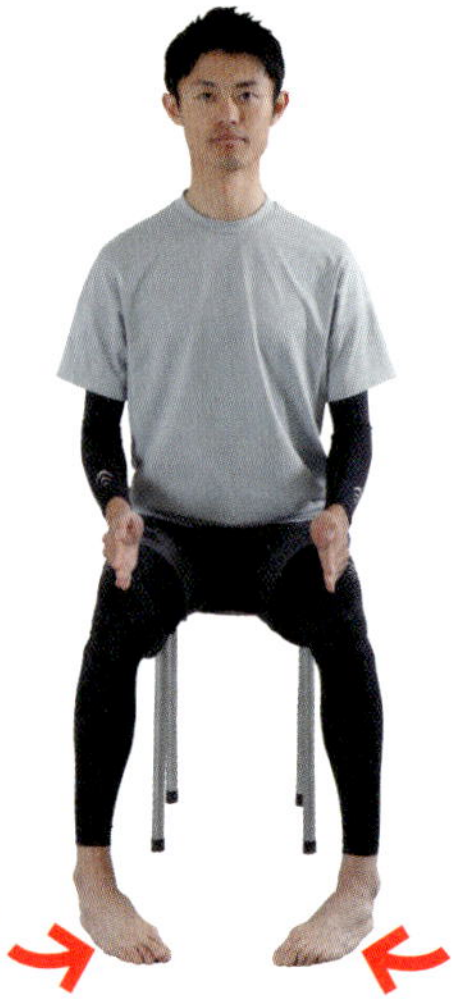

2

カカトを軸にして、足の裏で地面を擦りながら、両ツマ先を内側に向ける

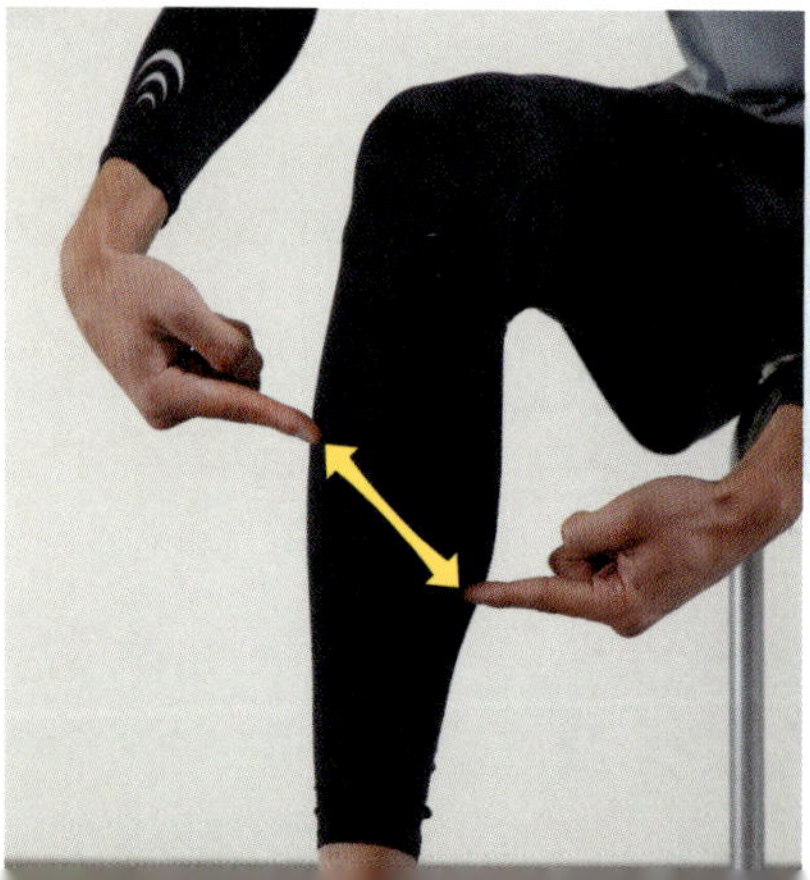

足首の筋肉に疲労感を感じるまで行なう

TRAINING

動かす力を強くする 右足首内転のトレーニング②

第2のステップは立った状態で。股関節の内旋と連動させて
足首を内転させます。これができれば、フィニッシュで左足をねばらせながら、
骨盤をしっかり回していくことができるようになります。

1

足を腰幅に開いて立つ。両足は平行にする

2

左足の向きを変えないようにしながら、骨盤を限界まで左に向ける

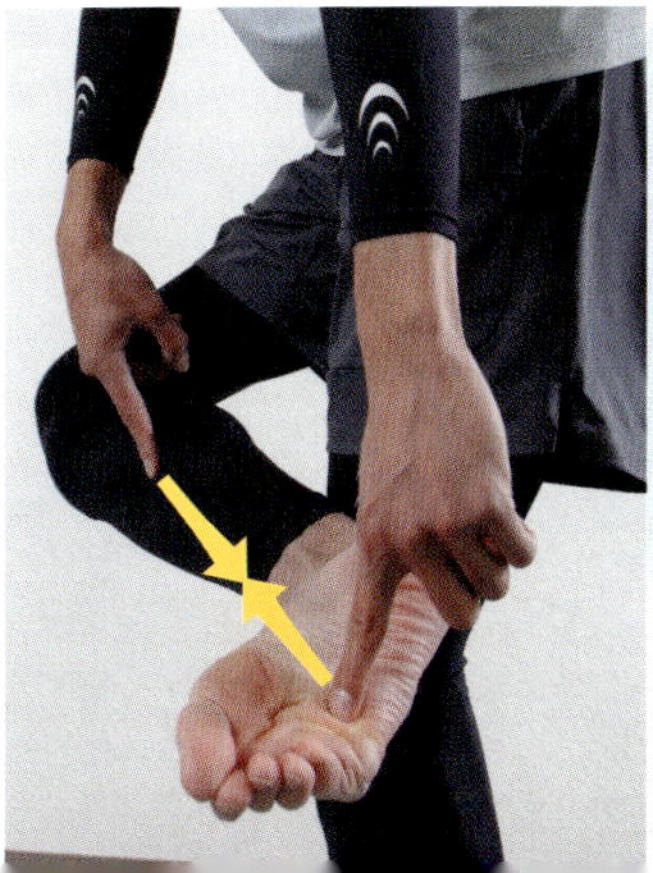

右足首の内転と股関節の内旋を意識して5秒キープしたら戻る。ふくらはぎから足の裏までつながる筋肉に疲労感を感じるまで行なう

右母指球の押し込み（回内＋底屈）

右側に体重を残しながら右骨盤を右足で押す

右に体重が残りすぎたり、右カカトが右外に回り込んでしまうのも、右母指球で押す動きができないことが原因

右母指球で地面を押す動きができないと、切り返しですぐに左足に体重を移してしまうため、遠心力との引っぱり合いができない

右母指球に体重を乗せながら押す

インパクトからフォローにかけてクラブの遠心力に耐えるために右に体重を残しながら、右足の母指球で地面を押して右の骨盤を前に出していきます。右母指球で押す動きが鍛えられていないと、早く左足に体重を乗せきった〝カラダが突っ込んだ〟状態になり、遠心力に対し引っぱり返す力を失ってしまいます。

右足の内側全体で地面を押す感覚。カカトが元の位置より右に出ることはない

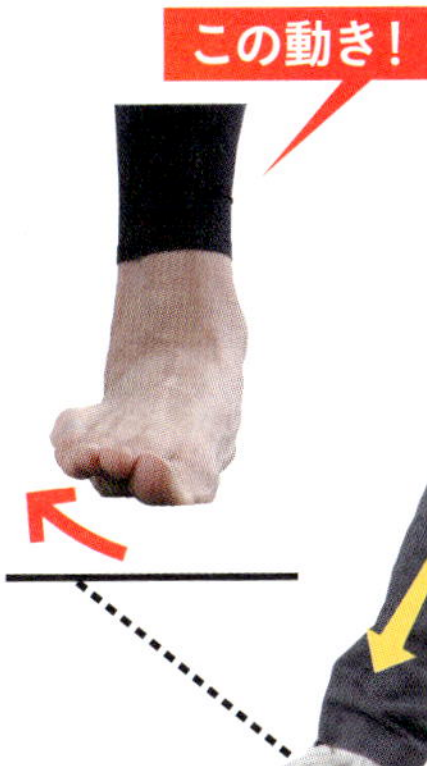

◎

右母指球で地面を押すことができると、完全に左に乗りきらないカラダの使い方ができ、遠心力と引っぱり合いながら、脚の力を回転に加えていくことができる

右母指球の押し込み（回内＋底屈）を最適化する

TRAINING

動かす力を強くする

長腓骨筋《ちょうひこつきん》のトレーニング

足裏から足首を経てふくらはぎを通っている長腓骨筋が、足の小指側を上げる回内とツマ先を下げる底屈を同時に起こすときにはたらきます。

1 足を広めに開いて立ち、右足の小指側を床から離し、カカトも上げる

2 母指球1点で支える状態にし、そのまま母指球に体重をかける

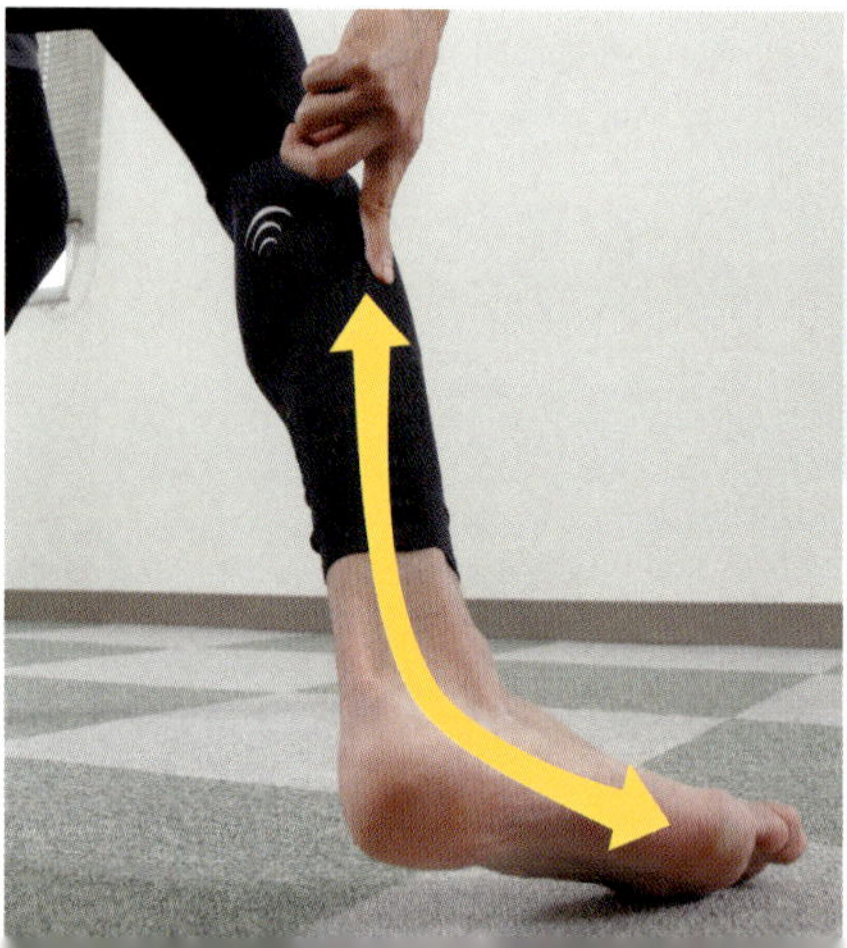

母指球から足首の外側の筋肉に疲労感を感じるまで行なう

TRAINING

動かす
力を
強くする

母指球押し込みのトレーニング

長腓骨筋を使って押す力が出せるようになったら、それを応用して
骨盤を押し出していく動きに変えていきましょう。フォロースルーでカカトを
浮かさないで骨盤を回転させていく“ベタ足”の使い方が身につきます

1 少し広めに足を開き、骨盤を軽く前傾させ、ヒザをゆるめた状態で立つ

2 体重を母指球1点にかけながら、右ヒザを内側に向け、骨盤を左に回していく

なるべく母指球1点で押す形を維持しながら、②の動きをゆっくり、疲労感が出てくるまで行なう

4

肩甲帯《けんこうたい》

肩甲骨も動員し腕を長く使う

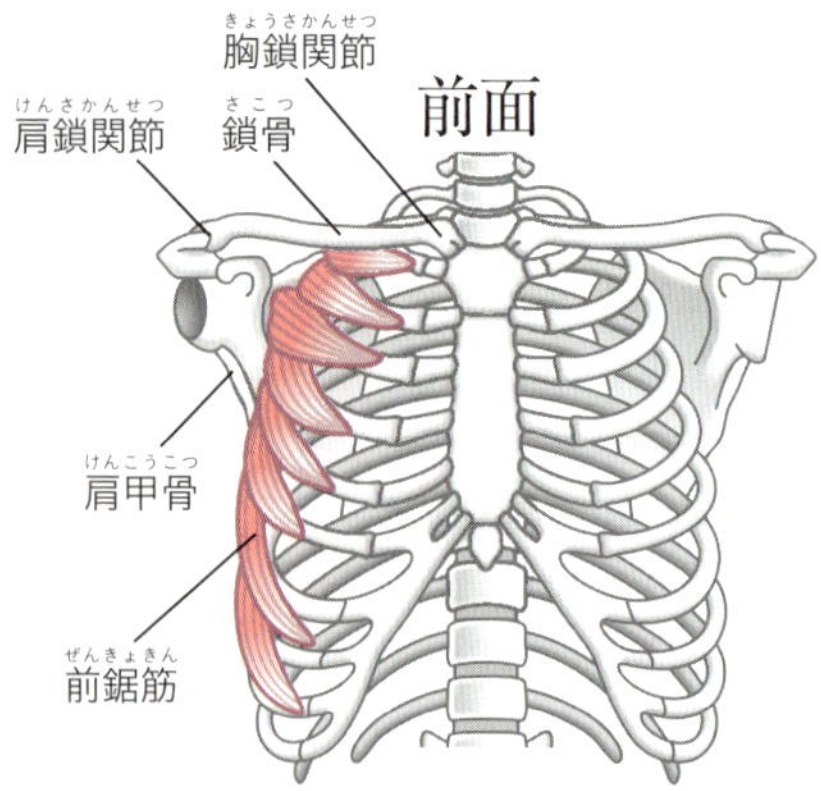

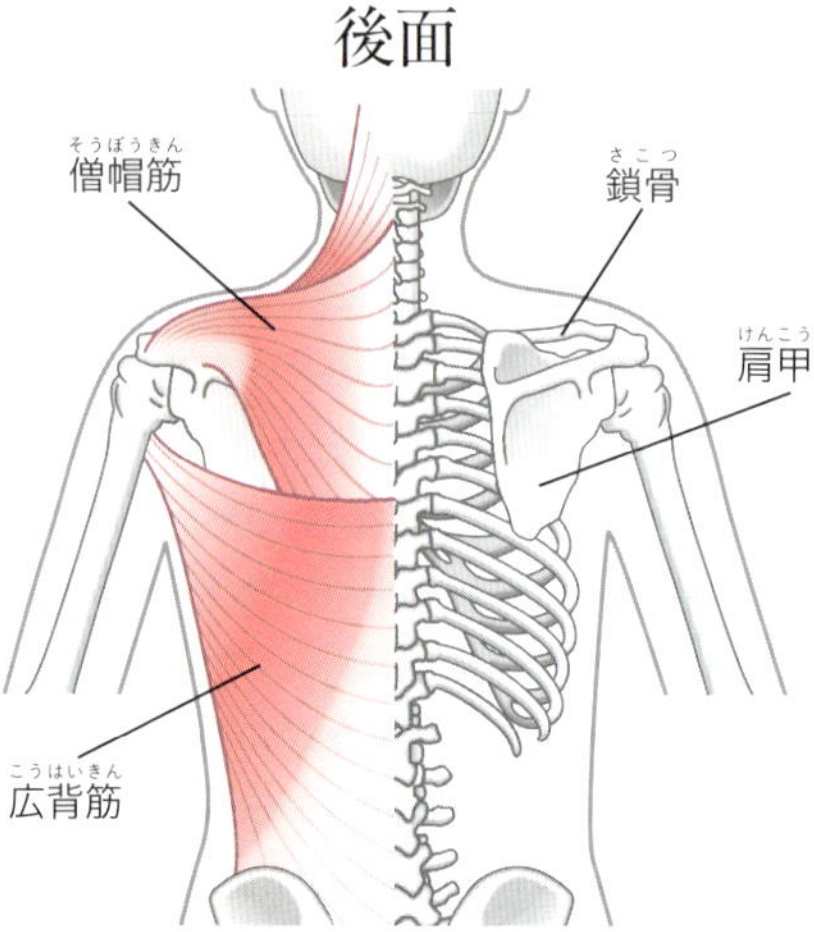

肩甲帯は肩甲骨と鎖骨のことで、この2つはひとつのユニットとして動きます。肩甲帯の動きは肩甲骨の動きとして考えてください。脊柱から外へ離れる動きが「外転」、脊柱に近づくのが「内転」。下に動くときは内に近づき（下方回旋）、上に動くときは外に動きます（上方回旋）。また、肩をすくめる動きが「挙上《きょじょう》」、下げる動きが「下制《かせい》」です。

外転と下制に関わるのは、前側の小胸筋、前鋸筋、鎖骨下筋。内転と挙上は僧帽筋、菱形筋《りょうけいきん》、肩甲挙筋が関わっています。

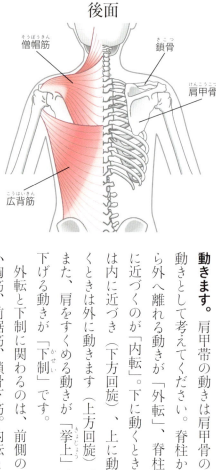

肩甲帯の動き

肩甲骨を
よく動かせば
腕を長く使える

CHECK

肩甲骨の外転の動きが悪いと起きるミス

トップが浅くなる
⇓
スイングアークが小さい
⇓
ヒッカケ／スライス／飛距離不足

→ P80へ

Ⓐ肩甲骨の内転、外転

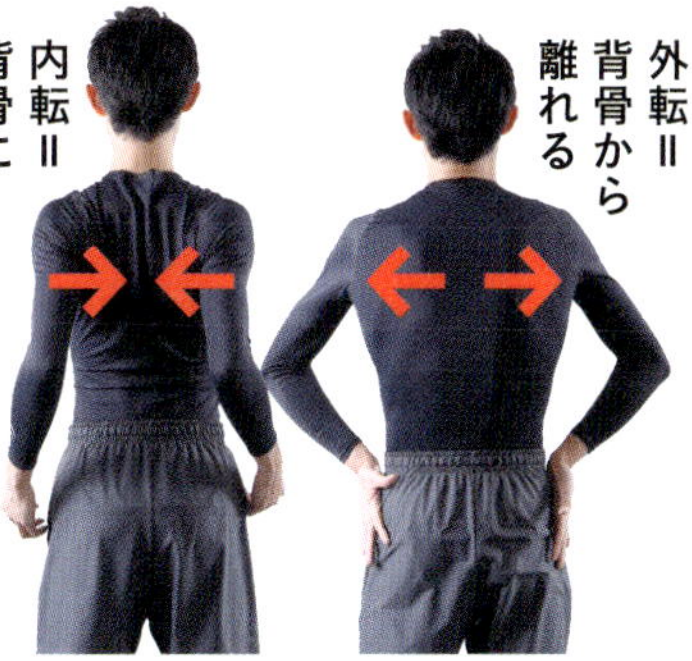

CHECK

肩甲骨の上方回旋の動きが悪いと起きるミス

トップで間がとれない
⇓
手先で打ちに行く
⇓
ヒッカケ／スライス／飛距離不足／ダフリ・トップ

→ P84へ

Ⓑ下方回旋、上方回旋

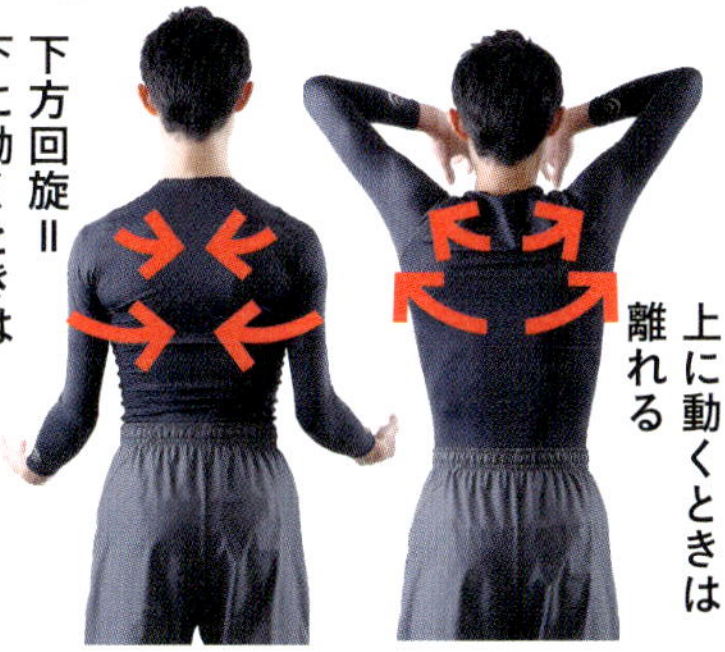

CHECK

肩甲骨の下制の動きが悪いと起きるミス

遠心力に負ける
⇓
手が高い位置を通る
⇓
プッシュスライス／飛距離不足／ダフリ・トップ／シャンク／球が高すぎ

→ P88へ

Ⓒ下制、挙上

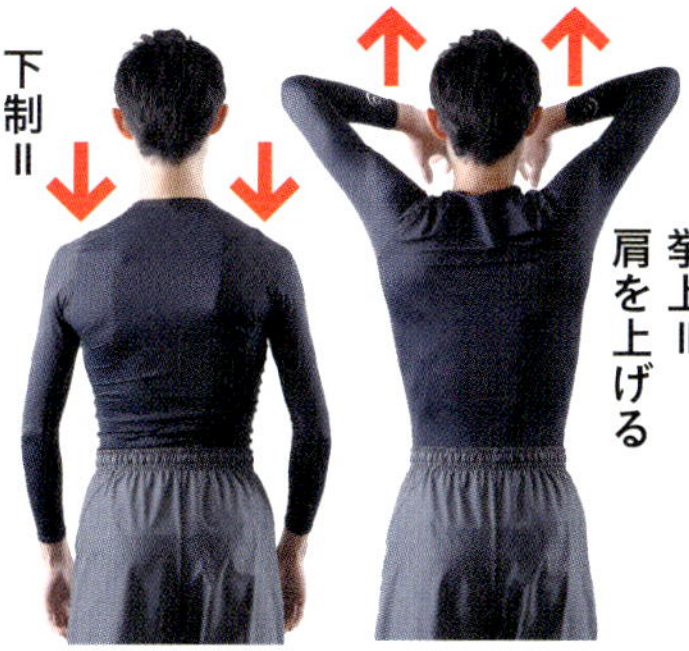

肩甲骨の外転

肩の「入り」をより深くする

肩甲骨の外転がないと、肩先からしか腕が使えていない。肩の入り方も浅く見える

肩甲骨が背骨から離れてこないと、肩の回転が浅くなるため、小さなトップしかつくれず、それを補うために手先の操作を使ってしまう

肩甲骨が背骨から離れれば腕を長くして使える

腕の付け根は肩関節ではなく、鎖骨と胸骨をつなぐ胸鎖関節と考えることで、腕を長く使うことができます。そのためには肩甲骨を腕と連動して動かすことが必要。バックスイングからトップポジションで腕を長くして使うためには、左の肩甲骨が背骨から離れる動きである、外転が必要となります。

◎

肩甲骨が背骨から離れると、肩の先端が深く「入った」状態になり、十分なトップになる。スイングアークも大きくなる

肩甲骨が外転すると、鎖骨や肩甲骨のユニットまでを“腕”として使える。肩の入りも深く見える

肩甲骨の外転を最適化する

STRETCH

動かしやすくする

僧帽筋《そうぼうきん》・菱形筋《りょうけいきん》のストレッチ

肩甲骨の内側から背骨を結んでいる僧帽筋や菱形筋が硬くなっていると、肩甲骨が背骨から離れていけません。つまり、腕が短いままの状態であり、スイングアークは大きくなりません。

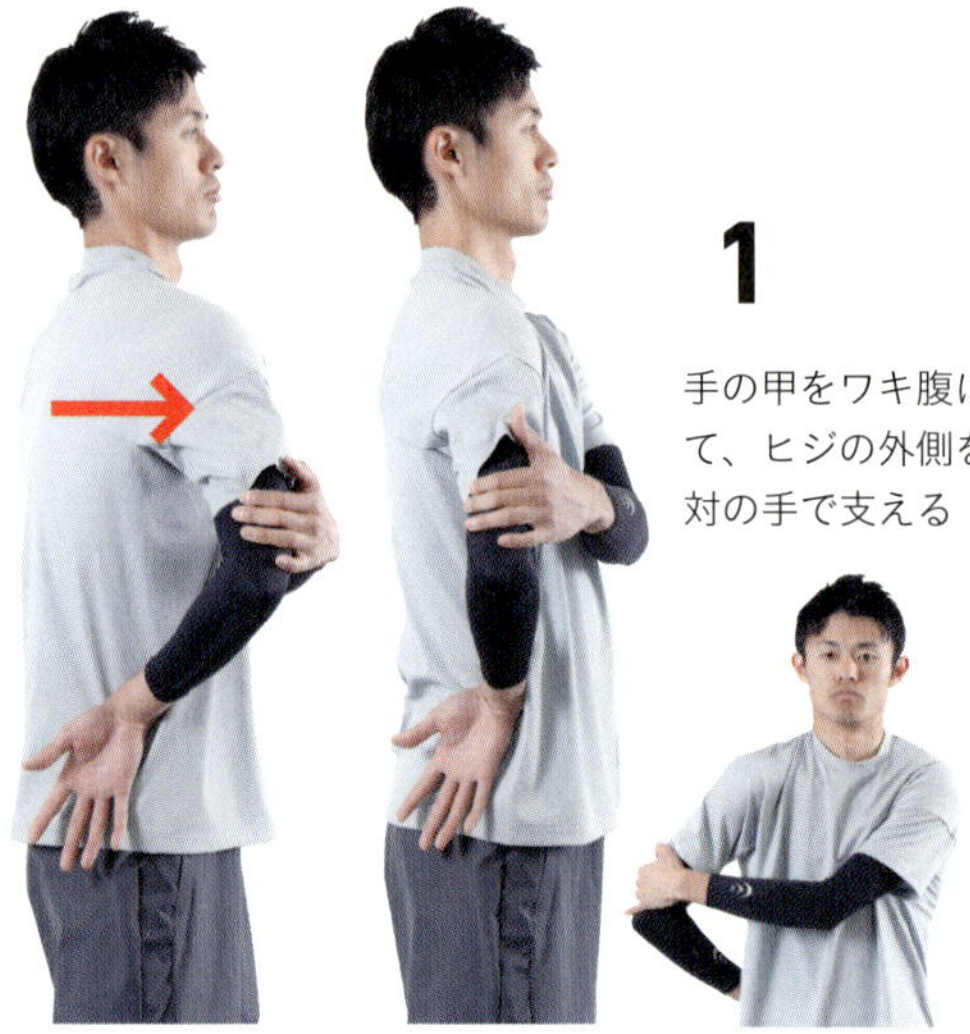

1

手の甲をワキ腹に当て、ヒジの外側を反対の手で支える

2

ヒジを前に軽く引っぱる。カラダの向きが変わらないよう注意

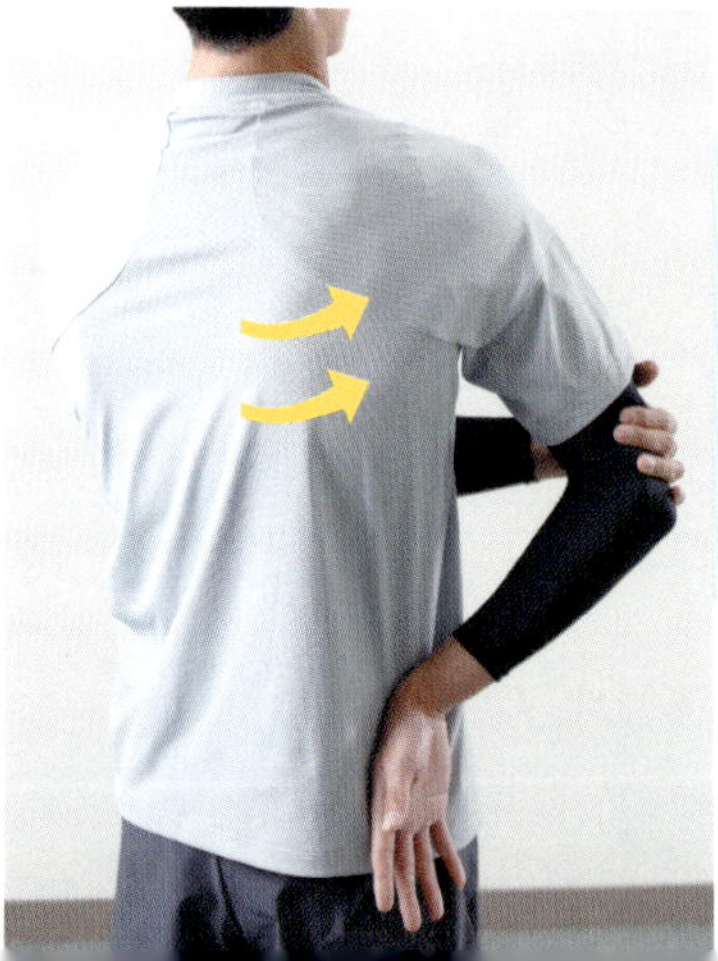

肩甲骨の内側が伸びていることを感じながら10秒キープして脱力。10回繰り返す

TRAINING

動かす力を強くする

前鋸筋《ぜんきょきん》のトレーニング

肩甲骨と肋骨を前側でつないでいる前鋸筋を鍛えることで、
肩甲骨を外側に引っぱり出す力を強くしましょう。
それによって肩甲骨の外転をスムーズにできるようになります。

1 イスなどの台を用いて、斜めに腕立て伏せの形をつくる。ヒジは伸ばしておく

2 ヒジを伸ばしたまま、胸の真ん中にある胸骨を台に近づけたり遠ざけたりする

肩甲骨が背骨から離れたり近づいたりする動きを意識し、脇腹の筋肉に疲労を感じるまで行なう

肩甲骨の上方回旋

トップで右腕の回旋をサポートする

× 肩甲骨の上方回旋がないと、トップでは右腕の外旋がスムーズにできず右ワキがあく。ダウンスイングはアウトからになりやすい

肩甲骨の動きでレイドオフがつくれる

肩甲骨の上方回旋とは、肩甲骨の下部が、上へ動くときに同時に外へ開くこと。**この動きが、トップでは右腕、フォローでは左腕の外旋をサポートします。**シャフトを、前傾したカラダの軸に対して垂直の面上で円を描く動きがつくれ、遠心力を有効に使ったダウンスイングの前提となります。

肩甲骨が上方回旋すると、右腕が外旋し、クラブはレイドオフのポジションがつくれる。ダウンスイングもインサイドから下ろしやすい

肩甲骨の上方回旋を最適化する

STRETCH

動かしやすくする 広背筋のストレッチ

広背筋は、上腕骨の付け根から胸椎、腰椎、腸骨を結ぶ、非常に大きな筋肉です。肩甲骨に直接付着する筋肉ではありませんが、この筋肉が硬くなっていると、肩甲骨の上方回旋を妨げてしまいます。

1

片方の足をあぐらのように曲げてイスの上に置き、もう片方の足は床に下ろして支える

2

曲げた足のほうの腕を上げ、床につけた足のほうにカラダを向け、その方向に腕を伸ばしてカラダを倒す

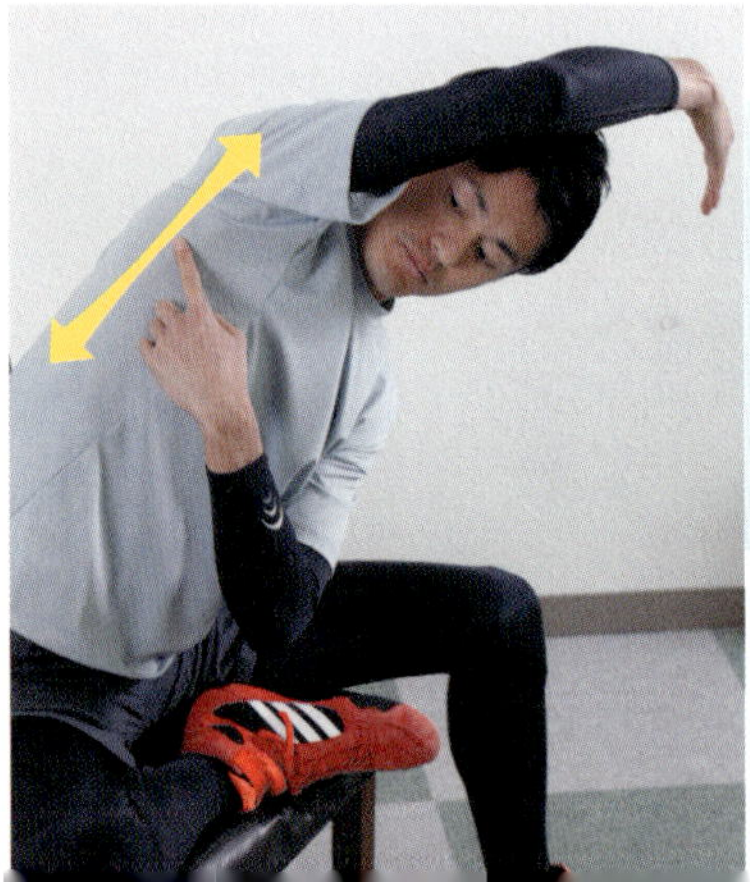

脇腹から背中、腕の付け根まで伸びていることを感じる。10秒伸ばしたら脱力。これを10回繰り返す

TRAINING

動かす力を強くする 前鋸筋のトレーニング

肩甲骨と肋骨をつなぐ前鋸筋を収縮させることで、
肩甲骨の下部がスムーズに外、かつ上へと動き、上方回旋を導きます。
カラダの前側の筋肉を使って、肩甲骨を広げるのです。

1

カラダの正面で両ヒジの間にクッションやボールなどを挟む

2

ヒジが外へ離れない限界まで、両ヒジの間隔を保って上へ持ち上げる

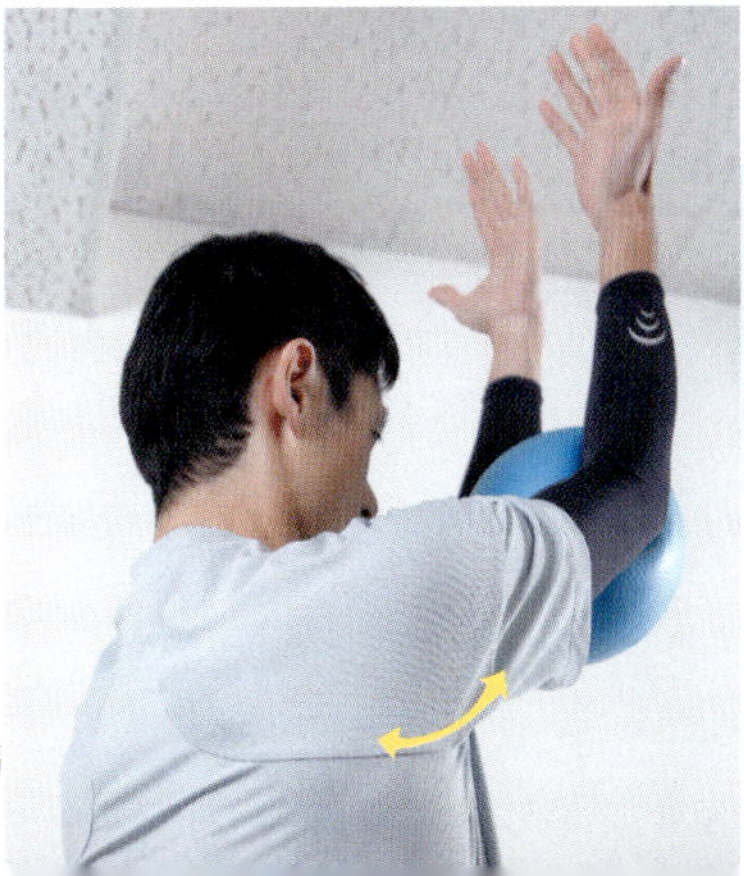

これ以上上げるとヒジの間隔があいてしまう、という位置で5秒キープ。肩甲骨まわりの筋肉に疲労を感じるまで行なう

肩甲骨の下制

肩を下げることで遠心力に対抗する

手の力を使わずにスピードを上げられる

肩甲骨を下げる動きがないと、上半身が浮き上がっていく。遠心力に引っぱられて手が浮き上がってしまうためだ

肩甲骨が下がる動きがないと、切り返しで左ワキがあき、そのままフェースが開いて下りてくる

切り返し以降ではクラブを自分のほうに引きつける力を発揮し続けることで、遠心力に対抗し、ヘッドスピードを高めることができます。**肩甲骨を下に押し下げておくことによって、手の力を使わずにそれが実行できます。**ここで役割を果たすのが広背筋です。

肩甲骨が下がると、左ワキが締まり、手がカラダの近くに引き寄せられる

◎

肩甲骨を下げることで、ワキが締まり、手がカラダに引き寄せられる。それが求心力を生むため、手の力を使わなくても遠心力に対抗できる

肩甲骨の下制を最適化する

TRAINING

動かす力を強くする

肩甲骨下制のトレーニング①

ステップ1は、肩甲骨を下げる動きのみを意識して行なえるように訓練するトレーニング。「肩甲骨を下げる」時には、どの筋肉をどう使うという感覚を養ってください。

1

イスの横に手をつき、お尻を前にズラして、下に落とす

2

肩がすくんだ状態から肩を下げる動きを使って手でイスを押し、カラダを上に持ち上げる

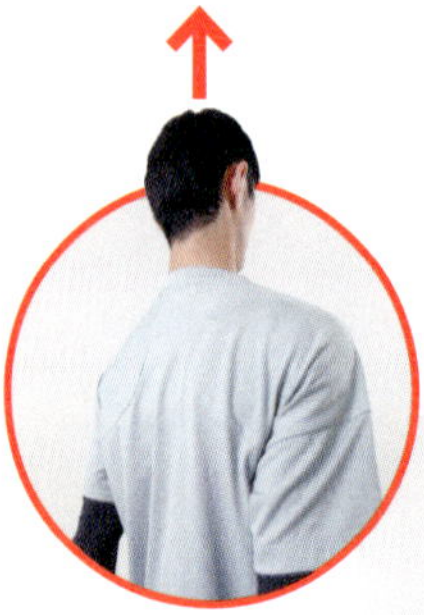

肩を下げるときは、首を伸ばす意識をもつといい

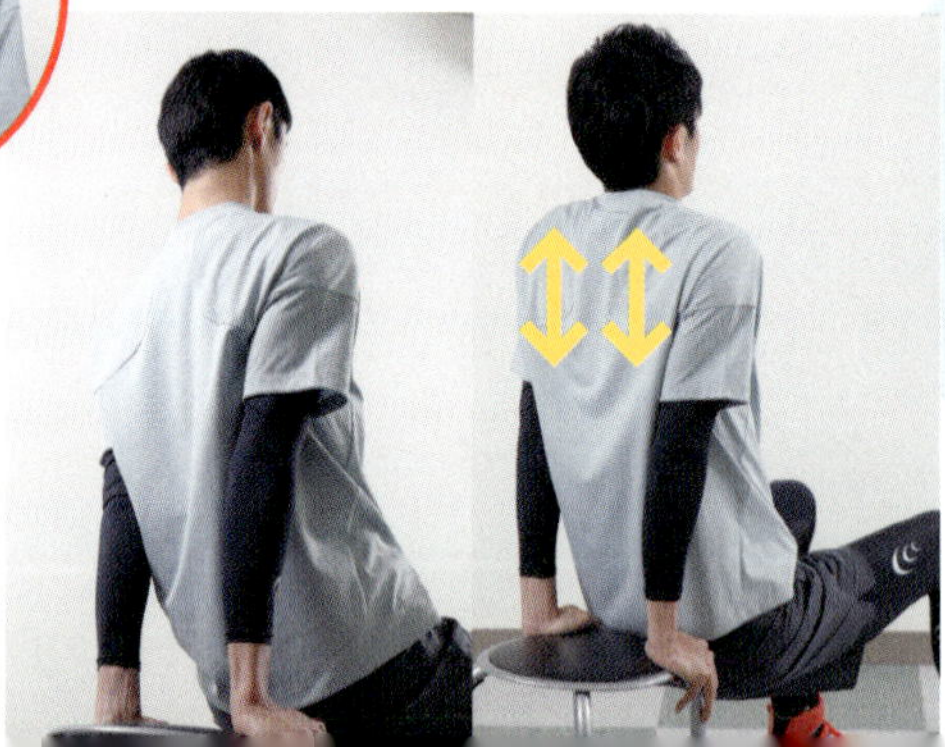

肩甲骨が上下に動いていることを意識しながら10回を目安に繰り返す

TRAINING

動かす力を強くする　肩甲骨下制のトレーニング②

肩甲骨を下げる動きが意識できるようになったらステップ2。懸垂《けんすい》です。低い鉄棒で行なったり、台などを利用して足が地面につく状態にするなど、負荷が大きくなりすぎないよう調整してください。

1 順手（手の甲が自分に向いた状態）で鉄棒などにぶら下がる

2 肩甲骨の下制を意識して、肩を下げる。下制がほどけないように気をつける

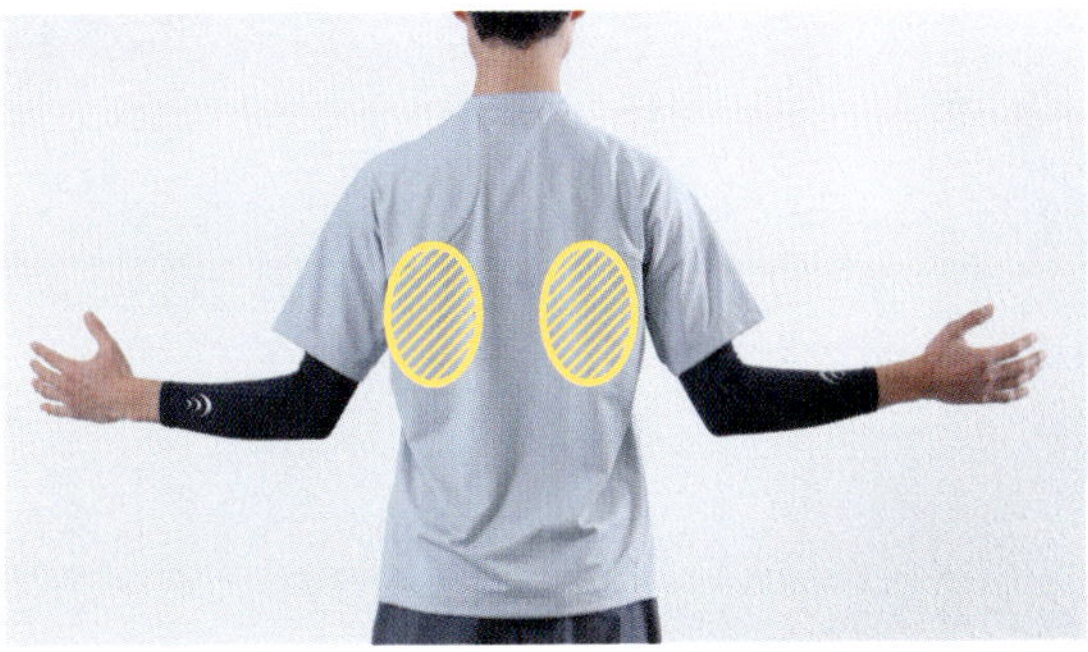

ワキの下の筋肉に疲労を感じるまで行なう

5

肩

可動域が狭まるとクラブ軌道に影響大

肩関節

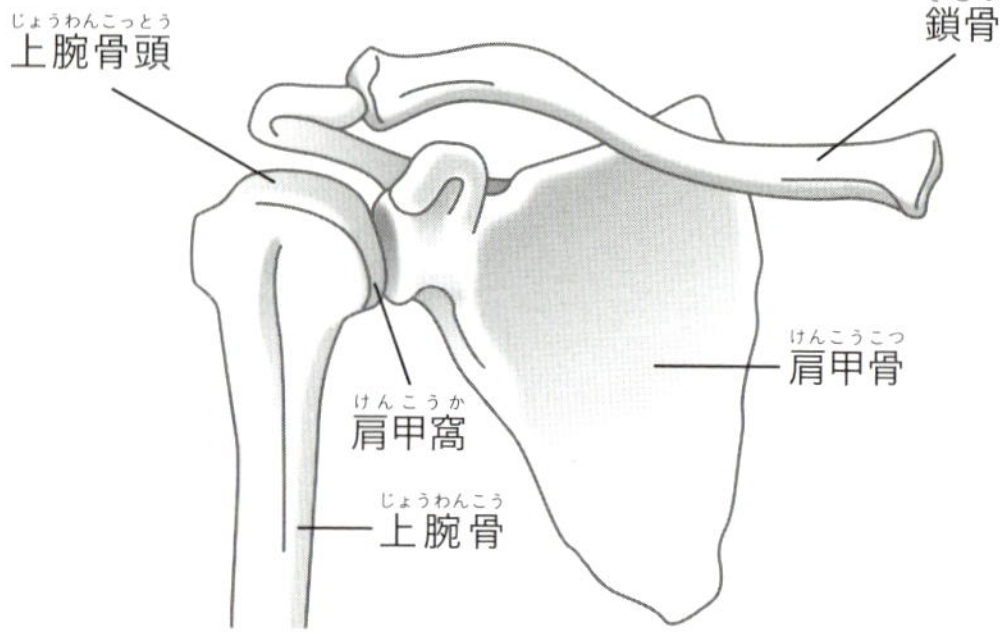

後面

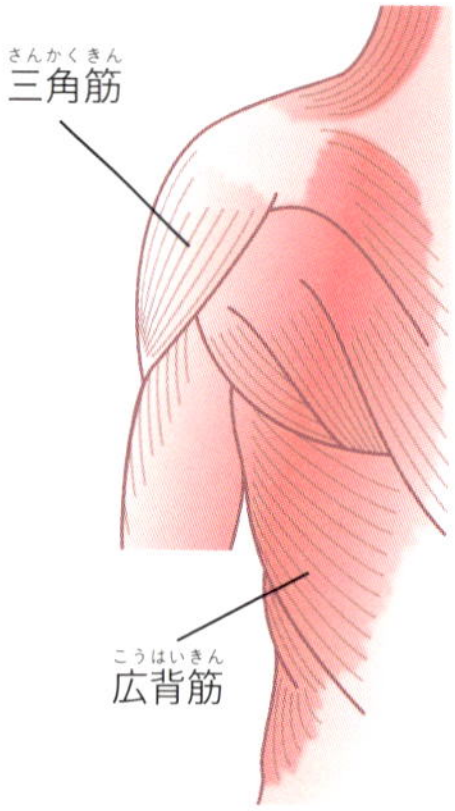

上面

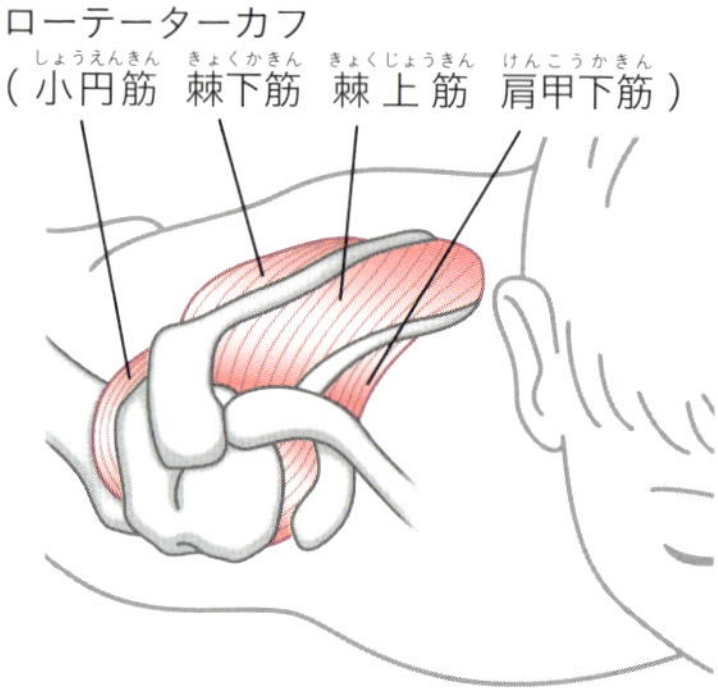

肩関節はボールのような形の上腕骨の先端が、肩甲骨の外側にあるお椀（肩甲窩）にはまっている構造です。**それを数多くの小さな筋肉が周囲を取り囲んでいて、さまざまな方向へ、大きく動かせるようになっています。**

おもな動きとしては前から上へ動かすのが「屈曲」、逆が「伸展」。横から上げるのが「外転」、逆が「内転」。上腕を外にひねるのが「外旋」、逆が「内旋」です。

肩関節のおもな動き

シャフトクロスもチキンウイングも肩関節が原因かも

Ⓐ外旋、内旋

CHECK

肩関節の外旋の動きが悪いと起きるミス

シャフトが立つ

⇓

アウトサイドから下りる

⇓

ヒッカケ／スライス／飛距離不足／球が低すぎ

→P94へ

Ⓑ伸展、屈曲

屈曲＝腕を前から上げる
伸展＝腕を後ろへ動かす

CHECK

肩関節の伸展の動きが悪いと起きるミス

腕が体幹から離れる

⇓

上半身が浮き上がる

⇓

プッシュスライス／飛距離不足／ダフリ・トップ／シャンク／球が高すぎ

→P98へ

Ⓒ外転、内転

内転＝上腕が体幹に近づく
外転＝上腕が体幹から外・上に離れる

Ⓓ水平伸展、水平屈曲

水平屈曲＝上腕が胸へ向かう
水平伸展＝上腕が胸から離れる

肩関節の外旋

ヒジの悪い動きは肩の可動域の狭さが原因

インパクト後に左ヒジが引けるチキンウイングも、左上腕が外にひねれないから。その原因は左肩の外旋の可動域の狭さにある

シャフトクロスになるのは、右ヒジがカラダから離れて上がるためだが、その原因は右肩がスムーズに外旋していないことにもある

切り返しでクラブをインから下ろすカギ

右肩の外旋の可動域が狭いと、切り返し前後にクラブを背中側にスムーズに動かしていくことができず、シャフトクロスからアウトサイドに下ろす原因になります。また、両肩の外旋がスムーズにいかない状態は、インパクト後に左ヒジが抜けるチキンウイングの原因にもなります。

◎

右肩が外旋し、上腕が内から外へひねれることで、右ヒジはカラダに近づき、シャフトが背中側で寝たポジションにくる

肩が外旋することにより、ヒジがスムーズに“たたまれ”てフォロースルーがとれる

肩関節の外旋を最適化する

STRETCH

動かしやすくする

肩甲下筋のストレッチ

肩甲骨と上腕骨の付け根をつなぐ肩のインナーマッスルのうち、
カラダの前側にある肩甲下筋が硬くなっていると、
肩関節の外旋を妨げる原因となります。

1

90度に曲げたヒジの外側にシャフトが当たるようにクラブを持つ

2

クラブのグリップ側を腹の前に出すように、手を背中側に動かす

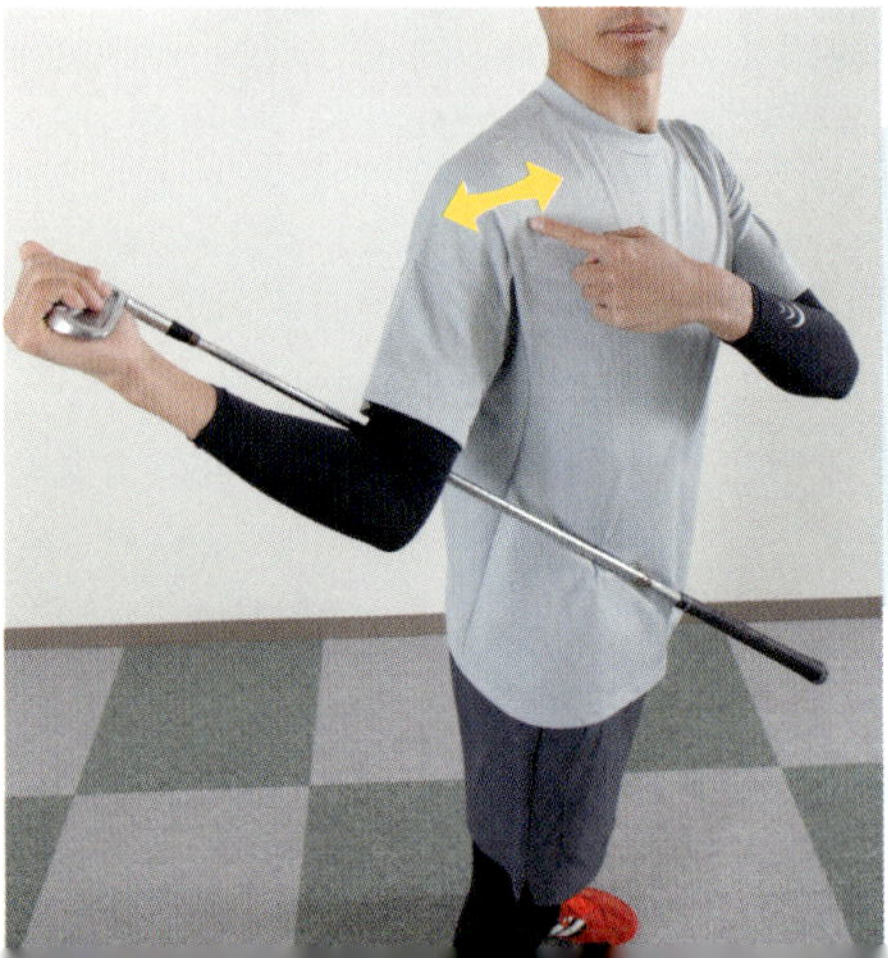

肩の内側が伸びていることを感じながら5秒キープして脱力。10回繰り返す

TRAINING

動かす
力を
強くする

小円筋、棘下筋《きょくかきん》のトレーニング

肩甲骨と上腕骨を結ぶインナーマッスルのうち、
カラダの後ろ側にある小円筋、棘下筋を鍛えることで、
肩関節の外旋をスムーズに行なえるようになります。

1

ヒジを90度曲げ、
カラダの前で反対
の手でヒジを支え、
チューブを持つ

2

手を背中側へ開
くように動かし、
チューブを外に
引っぱる

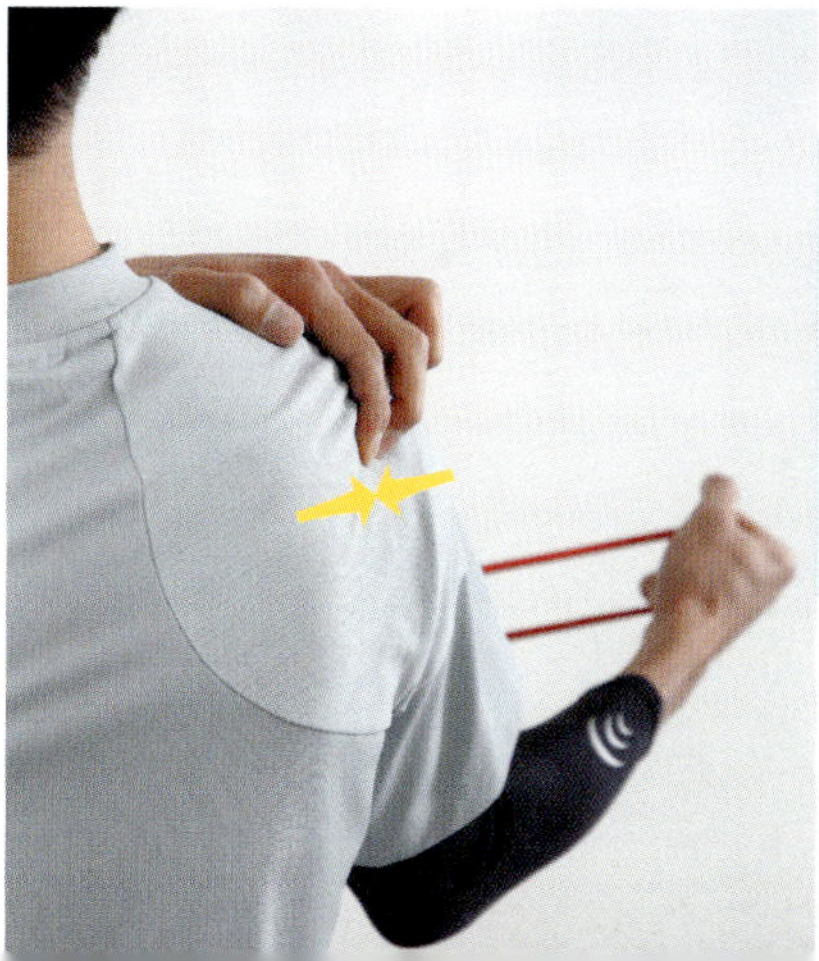

肩の後ろ側にある小円筋、棘下筋に疲労感を感じられるまでゆっくり行なう

肩関節の伸展

肩のスムーズな伸展でヘッドスピードが上がる

×肩関節の伸展がないとダウンスイングで左ワキがあき、両手が浮き上がり、フェースが開いてしまう

クラブをカラダに引きつける力をつくる

ダウンスイングでヘッドにはたらく遠心力に対抗するには、グリップエンドをカラダの中心に引きつけることが必要です。この動きをつくるのが肩の伸展。

つまり腕を上から後ろまで下ろしていく動きです。これによってヘッドスピードが上がるとともに、スムーズにクラブがリリースしていきます。

◎ 肩関節の伸展を使うことで遠心力と釣り合い、フェースがターンしながらインパクトを迎えられる

肩関節の伸展を最適化する

TRAINING

動かしやすくする

広背筋のトレーニング①

肩甲骨下制でも取り上げた広背筋が、肩関節の伸展にも大きく作用します。背骨、骨盤と上腕骨を結ぶ広背筋を、遠心力に対抗するために鍛え、スピードアップを図りましょう。

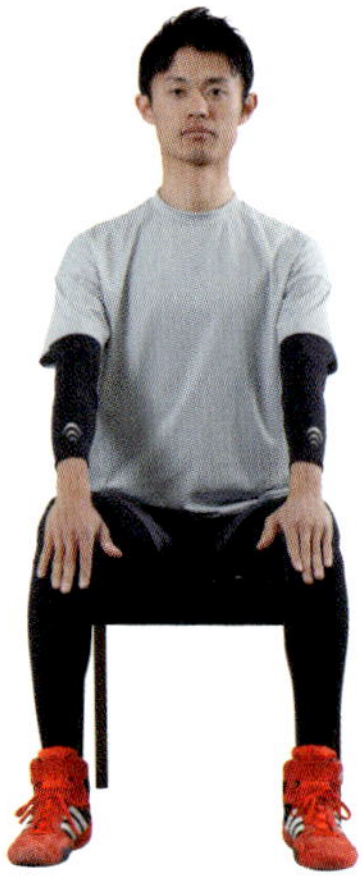

1

ヒザを肩幅に開いてイスに座り、ヒザの上に手首を置く。ヒジは伸ばしきる

2

手首を思い切りヒザに押しつける

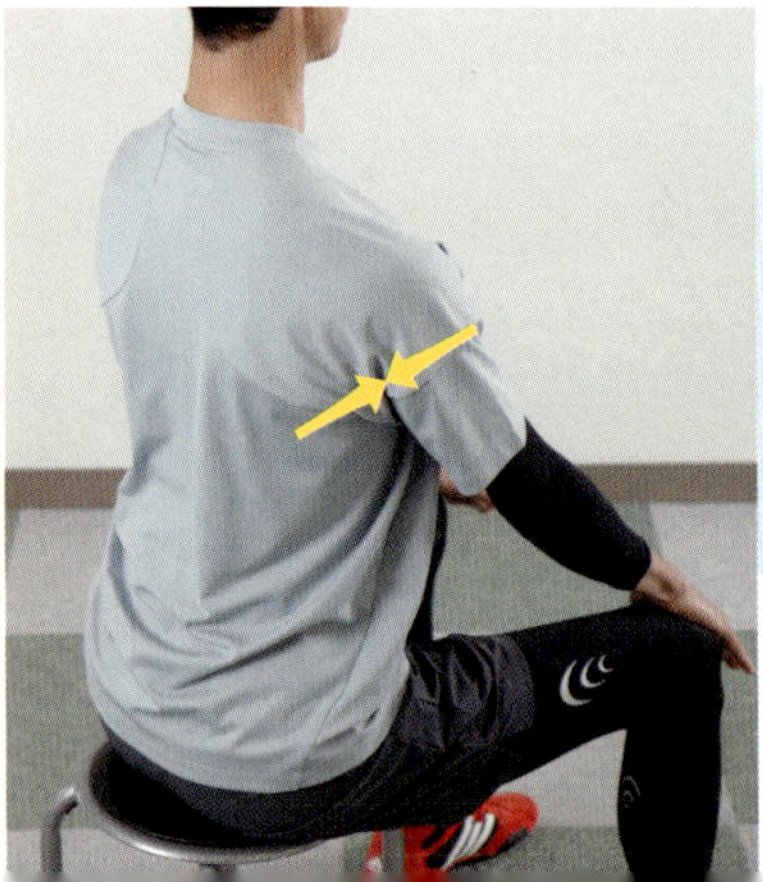

上腕からワキの下あたりの筋肉に疲労感が出るまで行なう

TRAINING

動かす
力を
強くする

広背筋のトレーニング②

広背筋は肩関節を内旋させながら内転させる強力な筋肉。

広背筋を使って腕とクラブを下ろすことで、自然に腕のローテーションを起こすことにもつながります。チューブを使う応用編トレーニングです。

2

腕を伸ばしたままのイメージで、
チューブを後ろに引く

1

イスに座って、チューブを正面
から引っぱり両手で持つ

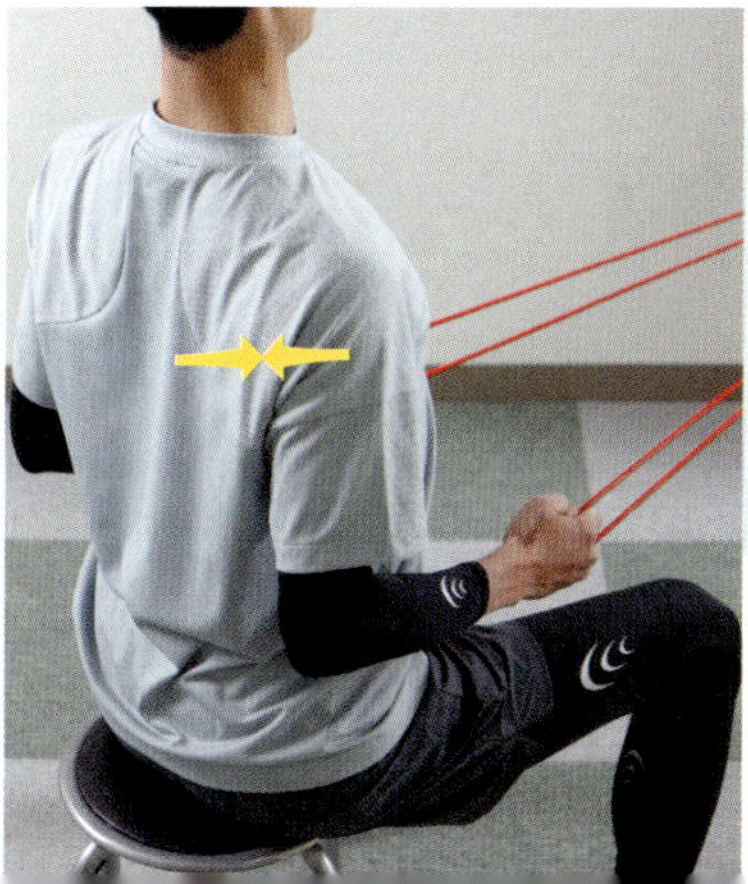

上腕からワキの下あたりの筋肉に疲労感が出るまで行なう

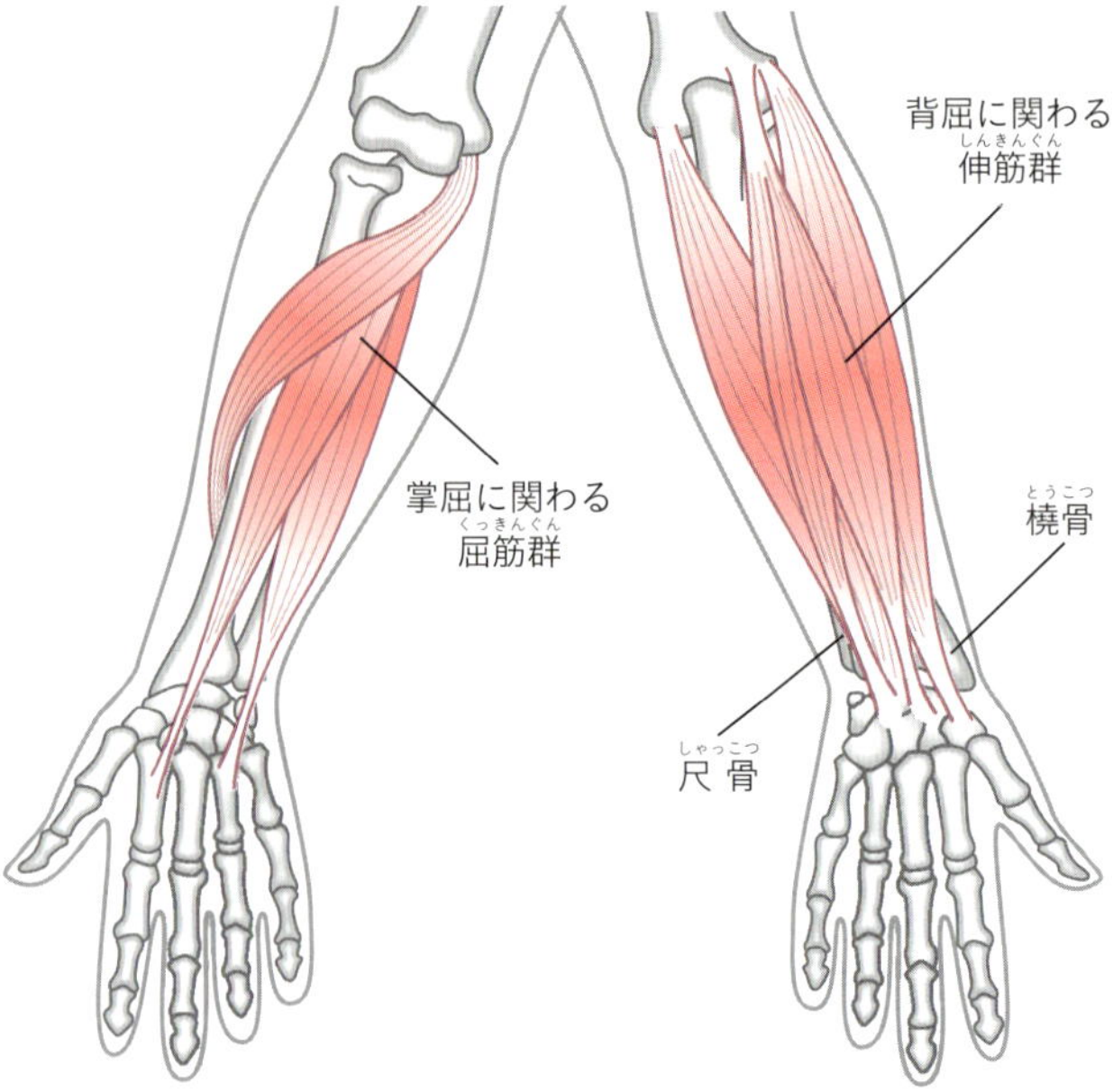

6

手首

フェースの動きに直接関わっている

手首（手関節）には前腕の2本の骨（尺骨・橈骨）を含めた29個の骨があり、「掌屈」（手のひら側に折る）・「背屈」（甲側に折る）、「橈屈《とうくつ》」（親指側に折る）・「尺《しゃっ》屈《くつ》」（小指側に折る）の動きができます。

よく「手首を返す」と表現される動きは手首自体の動きではなく、前腕（橈尺関節《とうしゃくかんせつ》）の回外、回内の動きですが、それについてもここで説明しましょう。

手首の動き

Ⓐ掌屈・背屈

手のひら側と
手の甲側に
折る動きもある

掌屈

背屈

CHECK

左手首の掌屈の動きが悪いと起きるミス

フェースが閉じない

⇓

ダフリ・トップ／
ヒッカケ／スライス／
飛距離不足／
球が高すぎ

→P118へ

CHECK

右手首の背屈の動きが悪いと起きるミス

手首の角度がほどける

⇓

リリースが早い

⇓

ダフリ・トップ／
ヒッカケ／スライス／
飛距離不足／
球が高すぎ

→P106へ

手首の動き

Ⓑ橈屈《とうくつ》・尺屈《しゃっくつ》

コッキングは橈屈と尺屈の動き

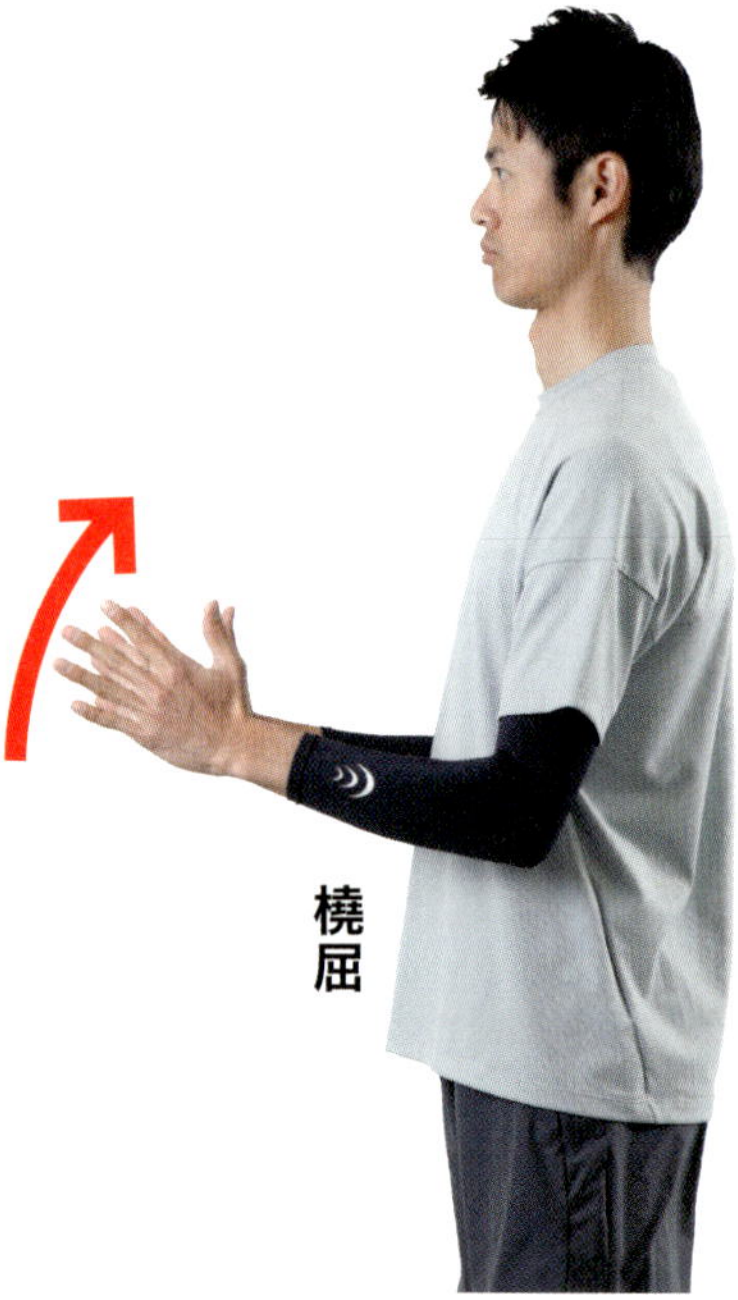

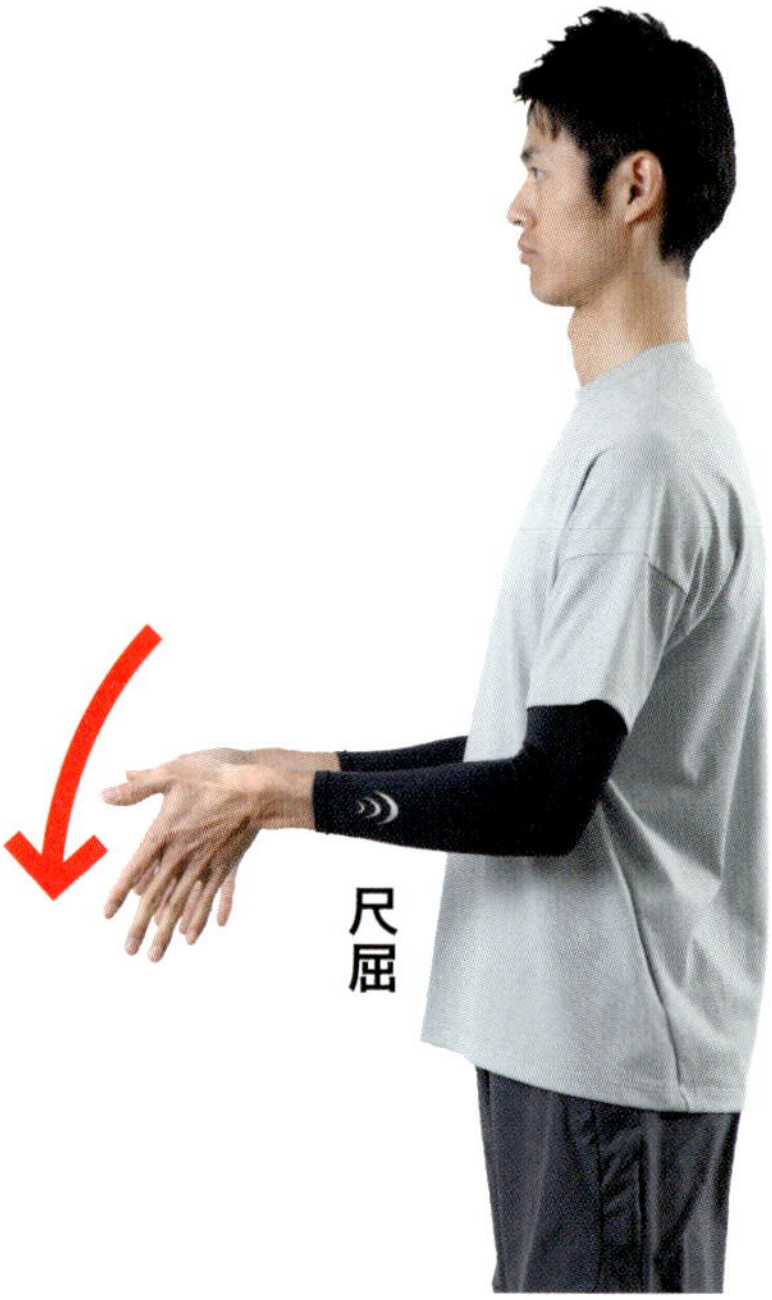

CHECK

手首の橈屈の動きが悪いと起きるミス

↓

コックが自然に入らない

⇓

レイドオフにならない

⇓

ヒッカケ／スライス／ダフリ・トップ／飛距離不足

→ P110へ

手首の動き

©右前腕の回内・回外

「手首のターン」は手関節ではなく前腕の動き

CHECK

右前腕の回外の動きが悪いと
起きるミス

↓

切り返しでヘッドがループしない

⇓

アウトサイドから下りる

⇓

ヒッカケ／スライス／ダフリ・トップ／
飛距離不足／球が低すぎ

→P114へ

右手首の背屈

右手を甲側に折れば フェースは閉じる

左手首が甲側に折れている、つまり右手首は手のひら側に折れている。トップでフェースが正面を向くのは「開いている」

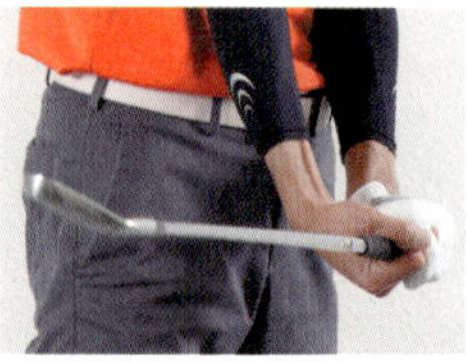

右手首を手のひら側に折るとフェースは開く

右手首がほどけると フェースは開いてしまう

手首の背屈とは、手首を甲側に折る動きです。右手首を甲側に折ると、ロフトが立ちます。

右手首の角度がなくなると、ロフトが寝ます。多くの場合はそれぞれフェースが閉じる、開くと同時に起きるため、打ち出し高さ、方向ともに大きなばらつきを招く原因となります。

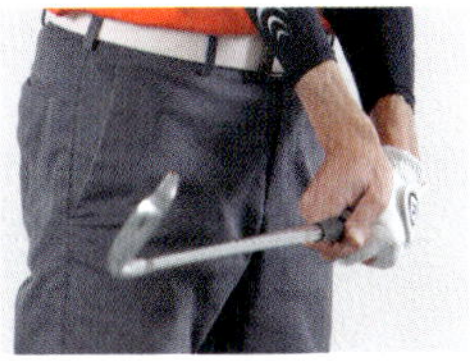

右手首を手の甲側に折ると
フェースは閉じていく

◎

左手首が手のひら側に折れている、つまり右手首は手の甲側に折れている。トップでフェースが空を向くのは「閉じている」

右手首の背屈を最適化する

STRETCH

動かしやすくする

手根屈筋《しゅこんくっきん》のストレッチ

手首からヒジにかけての前腕の手のひら側にある橈側《とうそく》手根屈筋、長掌筋、尺側《しゃくそく》手根屈筋といった筋肉群が硬くなっていると、手首の背屈が妨げられます。

1

立ちヒザで、指先が自分を指すように手のひらを置く

2

手のひらの底（手首側）を床に押しつけながら、お尻を後ろに引き、徐々に背屈を強める

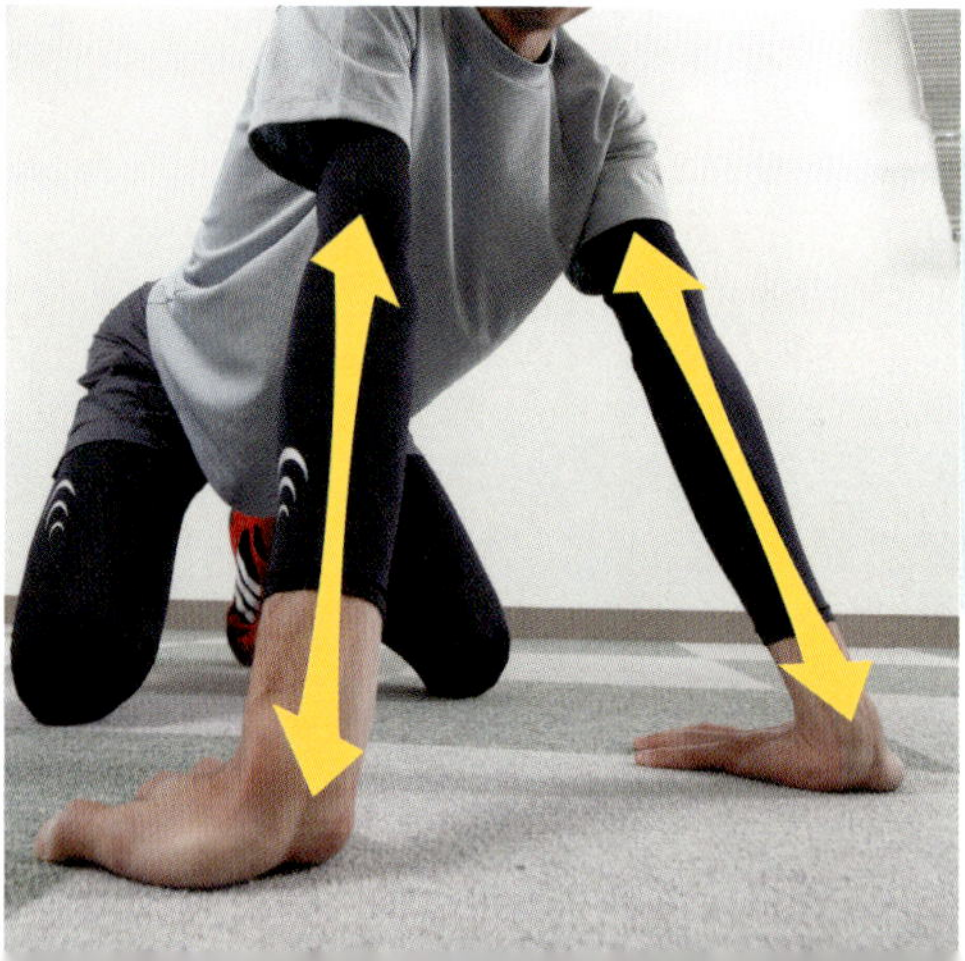

前腕の筋肉が伸びていることを感じながら5秒キープして脱力。10回繰り返す

TRAINING

動かす
力を
強くする

手根伸筋《しゅこんしんきん》のトレーニング

手首からヒジにかけての前腕部の、手の甲側にある筋肉群
（尺側手根伸筋、短橈側手根伸筋、長橈側手根伸筋など）が弱いと、
手首の背屈がスムーズにできません。
筋力をつけて手首の動きを最適化しましょう。

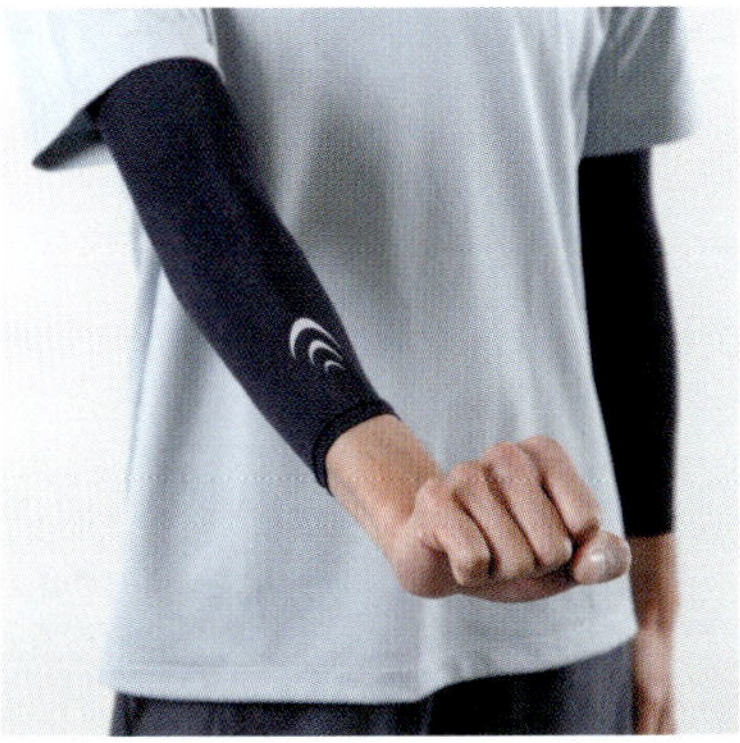

1 手を握り、手首を甲側に折る

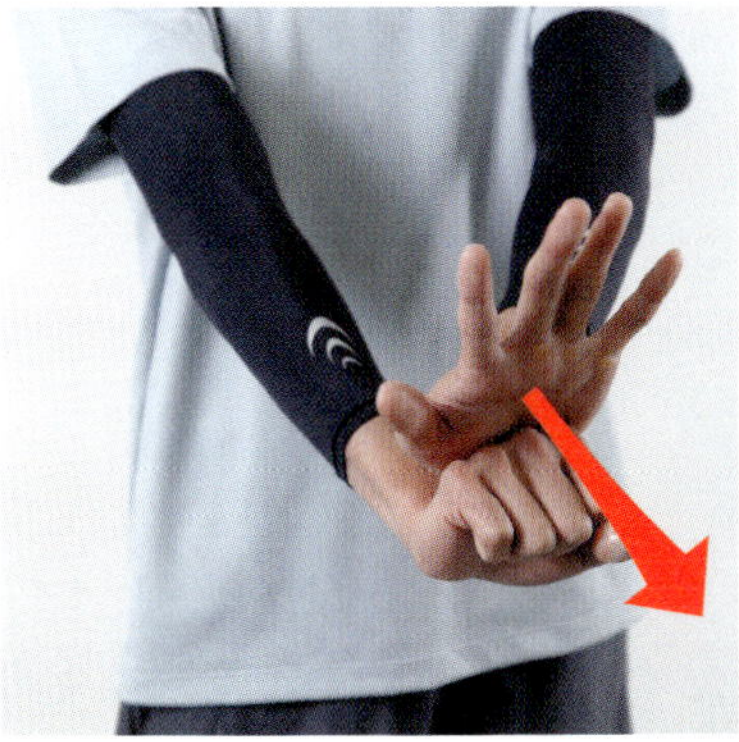

2 反対の手で手の甲を押し、背屈させる力でそれに対抗する

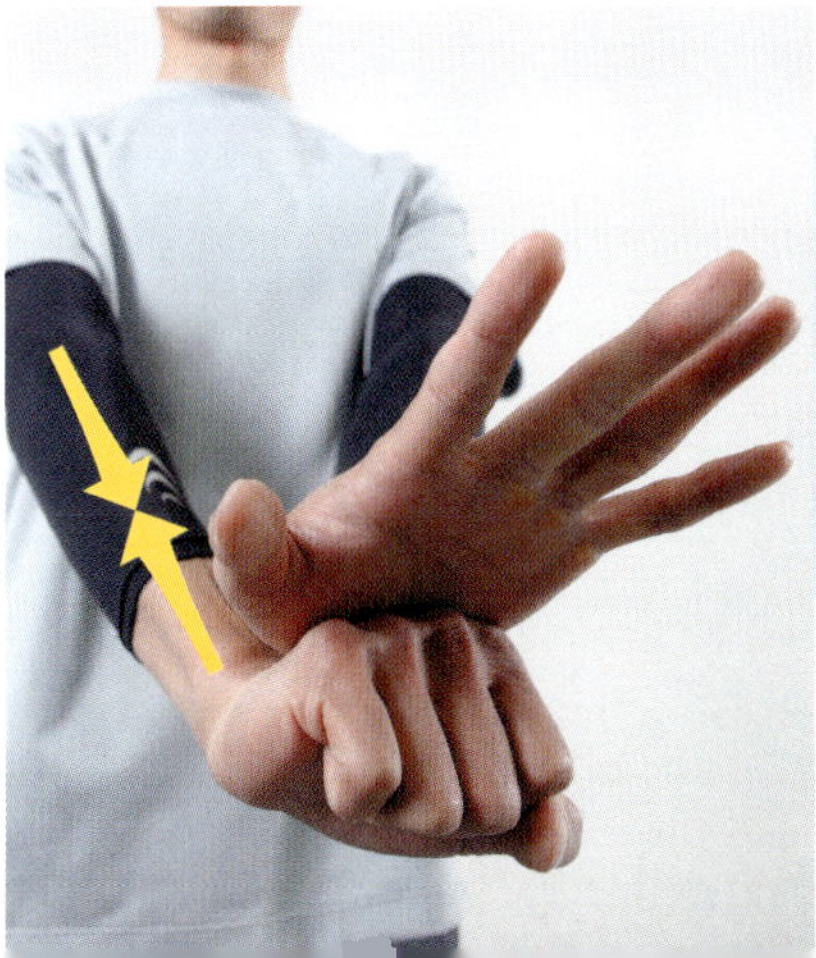

5秒キープしたら脱力。前腕部の甲側の筋肉に疲労感を感じるまで反復

手首の橈屈

バックスイングから切り返しへの軌道をつくる

アドレスでできていた腕とシャフトの角度がほどけると、ヘッドはインから上がっていき、トップではシャフトクロスになる

シャフトと腕の角度を保つ力が必要

アドレスでできている腕とシャフトの角度はスイング中、多少伸ばされますが、伸びきることはありません。そのためには橈屈の筋力を少し働かせている必要があります。また、橈屈の動きによってバックスイングからトップにかけて、ヘッドがインサイドに入る動きが抑えられ、切り返し以降のクラブ軌道をシャローにすることができます。

◎ 親指方向に手首を折る力をかけておくと、シャフトを立てたままクラブを上げていけるので、適切な方向からトップの適切なポジションへヘッドを動かせる

手首の撓屈を最適化する

TRAINING

動かす
力を
強くする

撓屈に関わる筋肉のトレーニング①

撓屈に関わる橈側手根屈筋や長橈側手根伸筋などの筋肉を意識し、
手首単体で動かせるようにトレーニングしていきます。

筋力が強い人は、立ったままヒジを90度曲げてクラブを持って行なう

手首単体で動かせる重さで行なう。ヒジが動いてしまうようなら、負荷を減らす

1

片手でクラブを短めに持ち、ヒジから手首を台などに置き、クラブを90度立てる

2

クラブを真っすぐ前に倒していく。地面と平行まで倒したら、90度に戻す

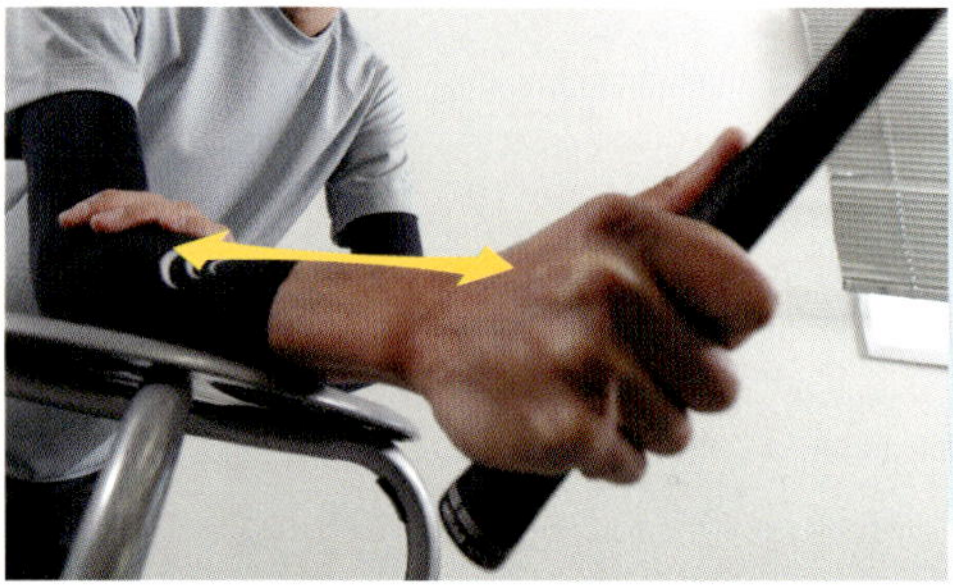

前腕の親指側の筋肉に疲労感を感じられるまで反復

TRAINING

動かす
力を
強くする

撓屈に関わる筋肉のトレーニング②

撓屈に関わる筋肉の力を、コッキングの動きに合わせて使えるようにします。
両手でクラブを持ち、撓屈の動きを使いながらコックと
アンコック（コックをほどく動き）を繰り返します。

1 カラダの正面で、両手のひらが向かい合うようにグリップ

2 肩、ヒジをなるべく動かさないように、手首だけでクラブを肩口に上げる

3 上げたクラブを下ろしたら、次は反対の肩口へ勢いよく上げる（V字を描く）

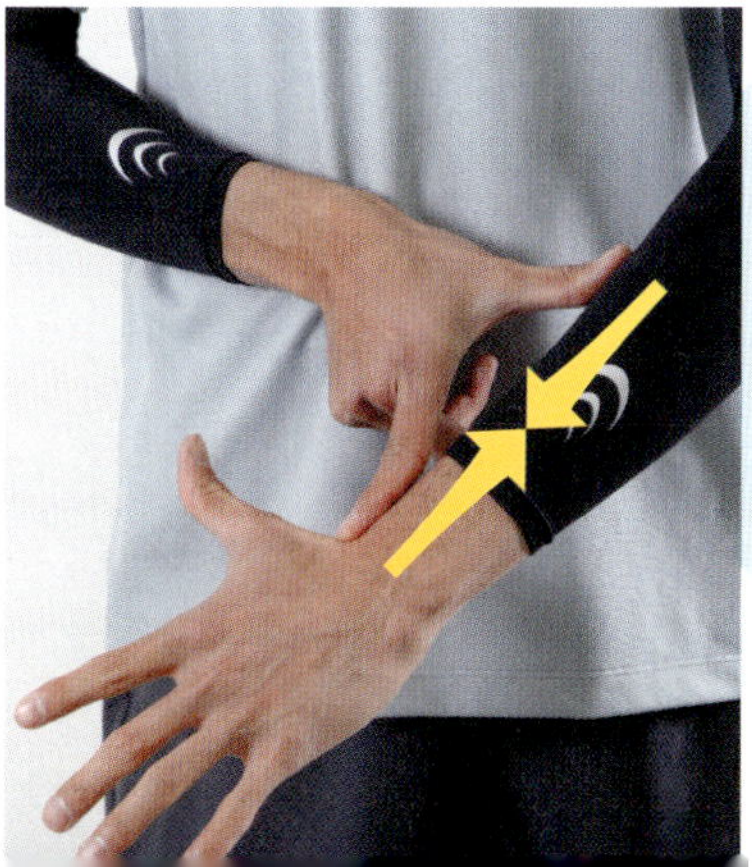

前腕部の親指側の筋肉に疲労感を感じるまで反復

右前腕の回外

右前腕を時計回しすると ヘッドがインに入る

× ヘッドが正しい位置にあるように見えても、右前腕の回外の動きが不足していると、ヘッドは外から回り込むように下りてくる

右前腕のひねりが甘いと ヘッドが外から下りる

右前腕の回外は、ドアノブを時計まわりに回す動きです。**ヘッドを適切にトップへ導けると、切り返し直後に右前腕が最も回外した状態となります。**ここでの回外の動きが浅いと、ヘッドが外から巻き込むようにアウトサイド・イン軌道で下りてくる原因となります。

◎ トップに収まる段階で右前腕が回外していると、切り返しでヘッドはインサイドに入り、理想的な軌道で下りてくる

右前腕の回外を最適化する

STRETCH

動かしやすくする

回内筋群のストレッチ

回内（回外と反対方向の動き）させる円回内筋などが硬くなっていると、
回外の動作を妨げる原因となります。これをゆるめて、
回内の動きがスムーズに出てくる状態にしましょう。

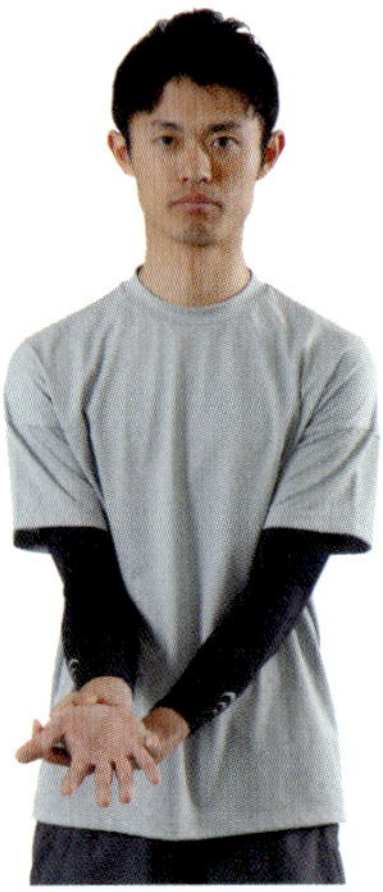

1

右手首を回外させた状態（手のひらが上）で、左手で手の付け根をつかむ

2

左手で右手を少し回外させる方向（時計まわり）にひねる力を加える

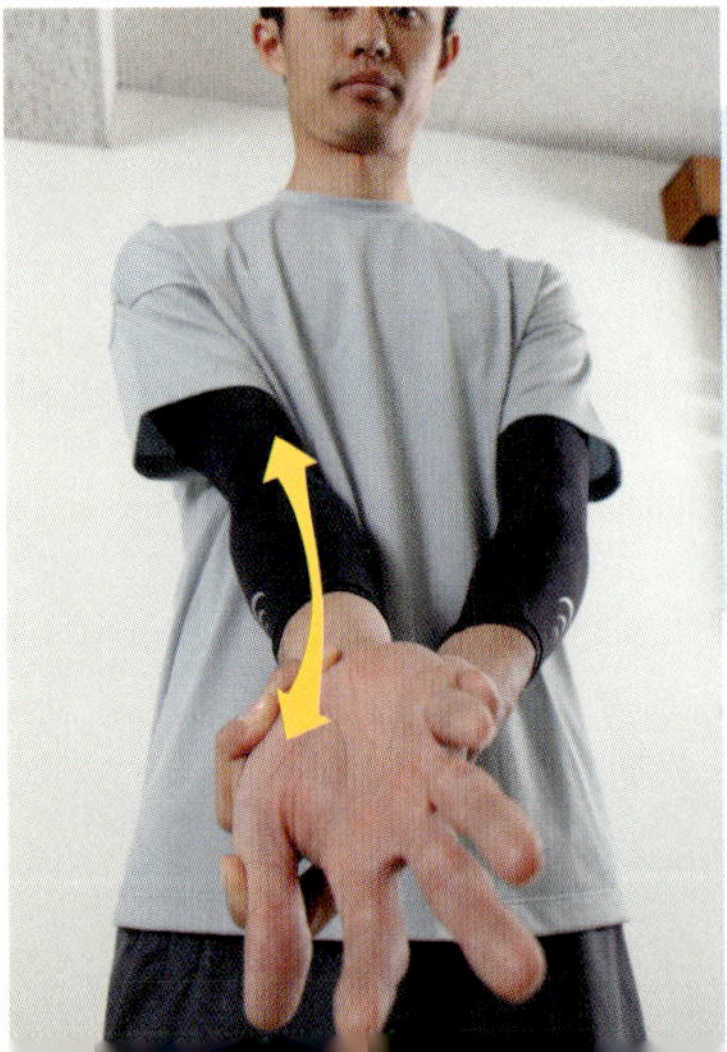

前腕の筋肉が伸びていることを感じながら5秒キープして脱力。10回繰り返す

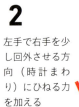

TRAINING

動かす
力を
強くする

回外筋のトレーニング

腕が伸びていくときに前腕を回外させるのは回外筋の役割。
この筋肉が弱くなっていると、スイング中に
スムーズな回外動作ができなくなります。

1 ヒジから手首を台に乗せ、片手でクラブを短めに持ち、前腕と直角にする

2 角度を保ったまま、腕を内側に倒し、水平まで下ろしたら元に戻す

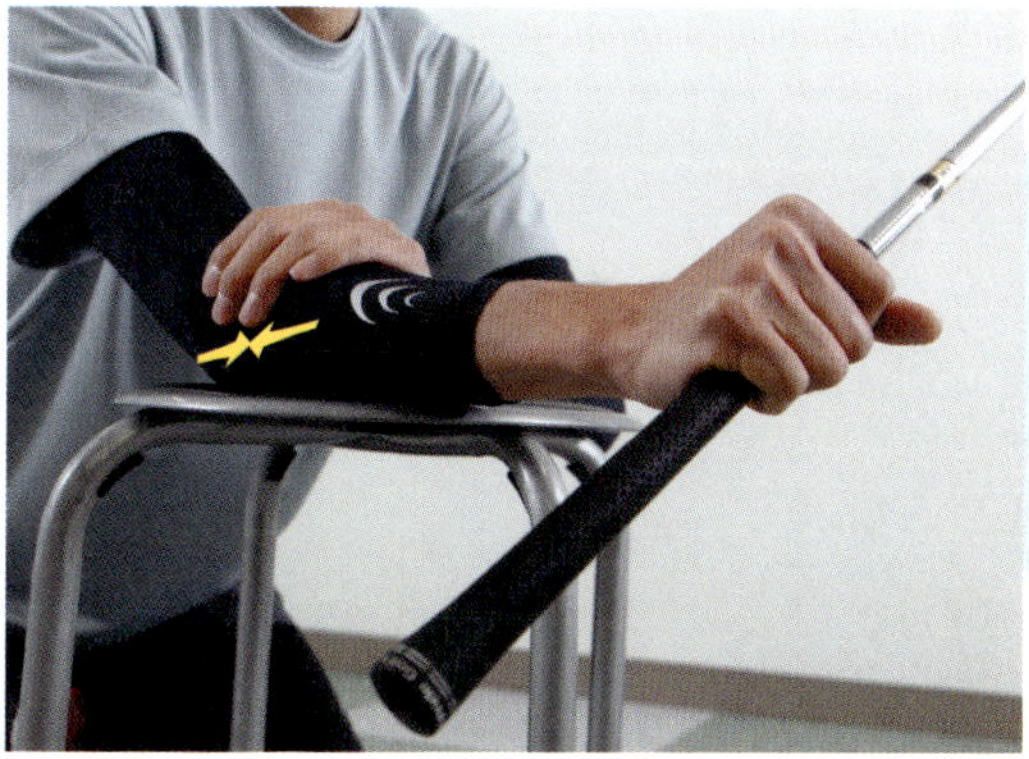

前腕部の筋肉に疲労感を感じるまで反復する

左手首の掌屈

左右の手首は反対の動きをする

トップで左手首の掌屈の動作が入っていない、つまり右手首が背屈していないと、フェースが開いた状態でインパクトする原因となる

インパクトで左手は手のひら側に折れている

掌屈は手首を手のひら側に折る動作です。スイング中は、右手が背屈すれば左手首は掌屈します。**ハンドファーストでボールをとらえるには、左手首は掌屈している必要があります。**ダウンスイングで左手の掌屈動作を入れることによってインパクトでのフェースの開きを抑えることができます。

◎

トップでは右手首が背屈するのに対応し、左手首は掌屈する。その状態からダウンスイングするとフェースを開かず下ろせる

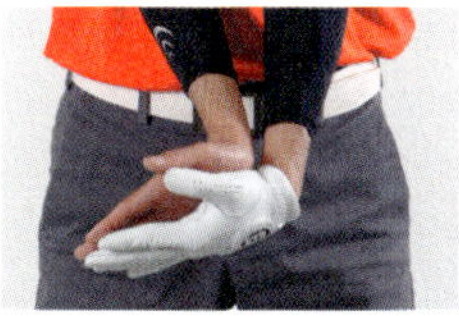

右手首と左手首はスイング中、逆の動きをする。右手を背屈させた状態でインパクトしたければ、左手は手のひら側に折ればいい

左手首の掌屈を最適化する

STRETCH

動かしやすくする

手首の伸筋群のストレッチ

手首の背屈に関わる筋肉が硬くなっていると、
手首の掌屈を妨げる原因となります。
橈側手根伸筋などの筋肉をゆるめましょう。

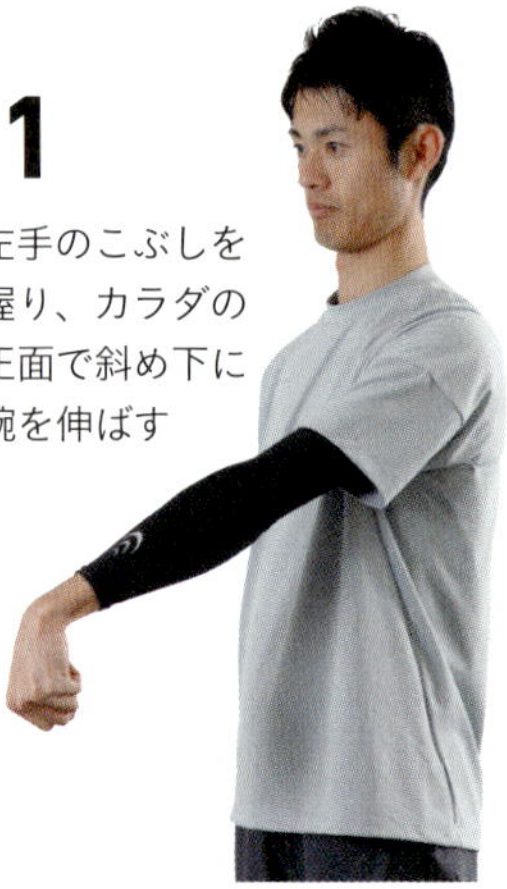

1

左手のこぶしを握り、カラダの正面で斜め下に腕を伸ばす

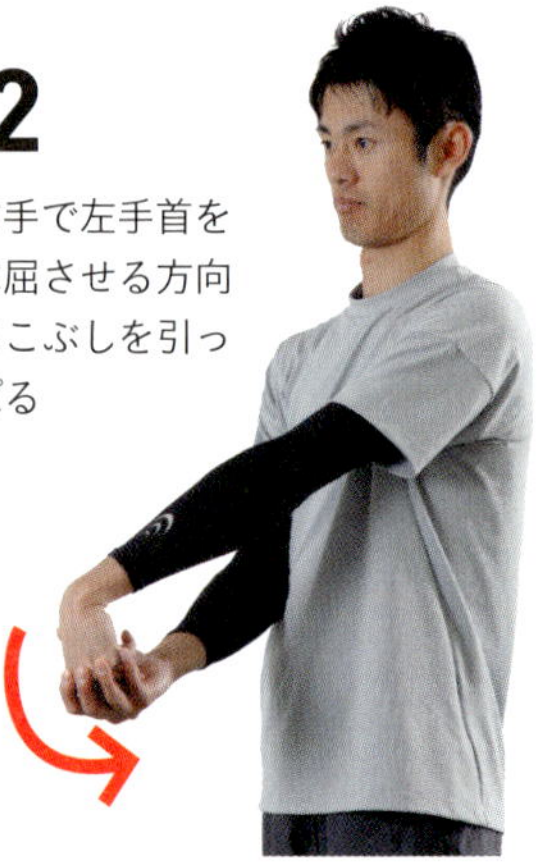

2

右手で左手首を掌屈させる方向にこぶしを引っぱる

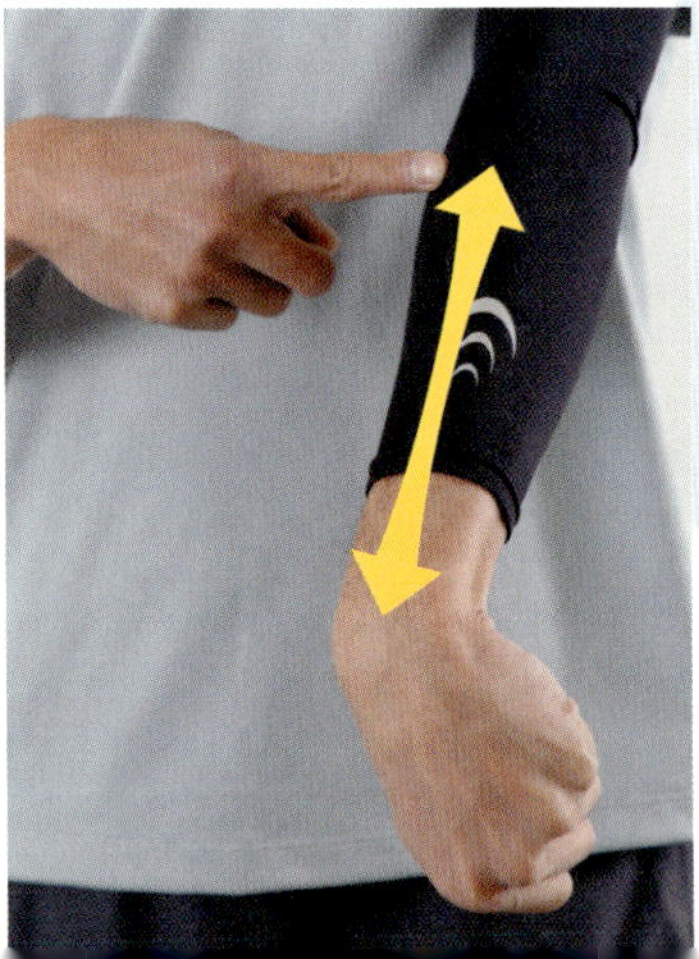

前腕の手の甲側の筋肉が伸びていることを感じて5秒。脱力し、10回繰り返す

TRAINING

動かす
力を
強くする

手首の屈筋群のトレーニング

手首を手のひら側に折る屈筋群が弱くなっていると、
手首の掌屈がスムーズにできません。
手のひら側の筋肉を鍛えておきましょう。

1

左手のこぶしを握り、手首を手のひら側に折った状態にする

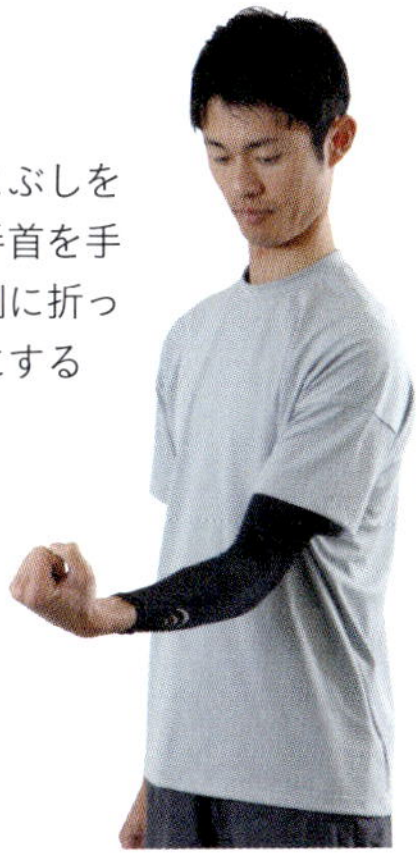

2

右手で左のこぶしを押し、掌屈させる力でそれに対抗する

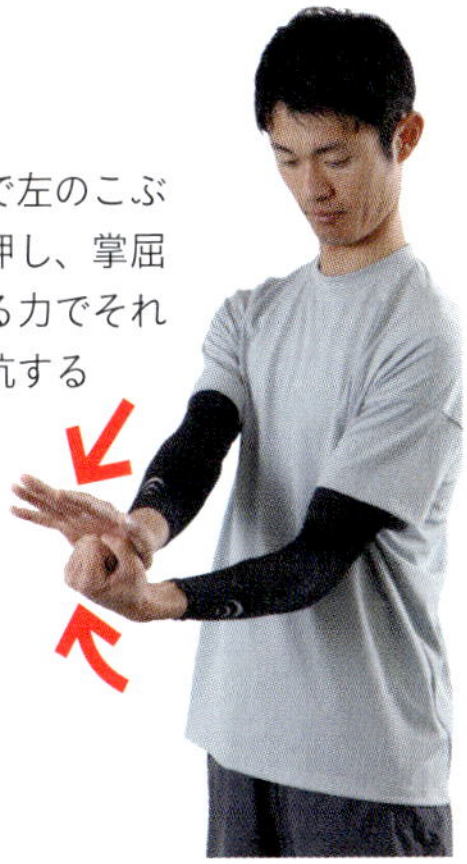

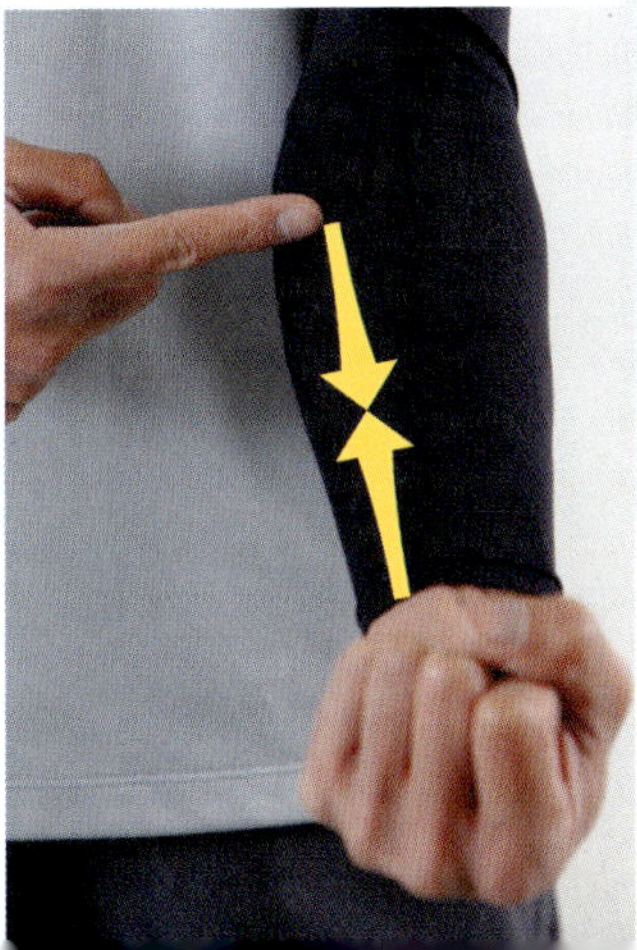

5秒キープしたら脱力し、前腕部の手のひら側の筋肉に疲労感を感じるまで反復

7

腰椎

上半身の回転のベースとなる部位

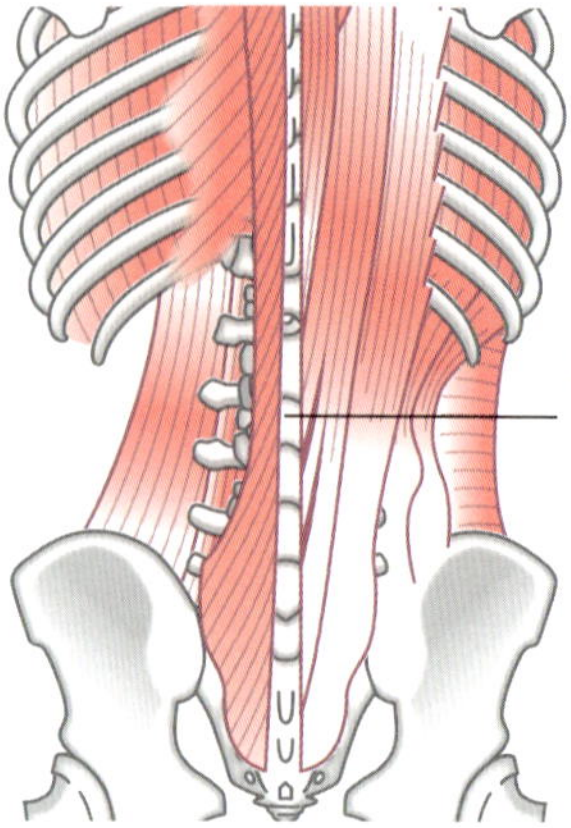

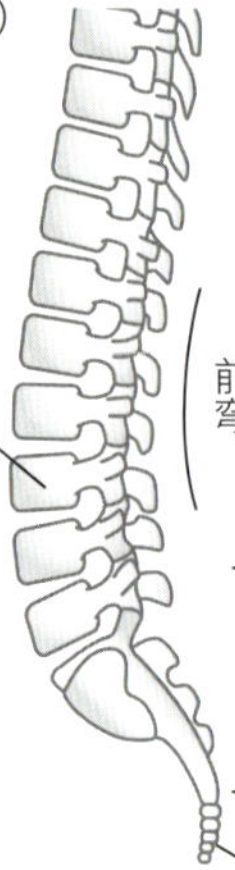

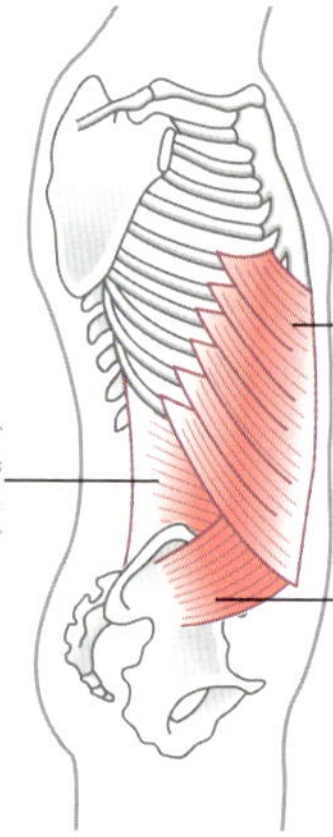

脊柱（背骨）の一番下の5つの骨が腰椎です。さらにその下には、仙骨と尾骨があります。仙骨と尾骨は寛骨《かんこつ》（腸骨、坐骨、恥骨）と合わせて骨盤を構成しています。

脊柱全体は自然に弯曲しており、この弯曲を保つことが脊柱の機能を十二分に発揮するカギとなります。

脊柱を構成する脊椎骨は、部位によって大きさと形が少しずつ違っていて、各部位ごとに特有の動きができるようになっています。体幹部においては、「屈曲・伸展」「回旋」

腰椎の動き

自然な弯曲を保つことが機能発揮のカギ

Ⓐ伸展・屈曲

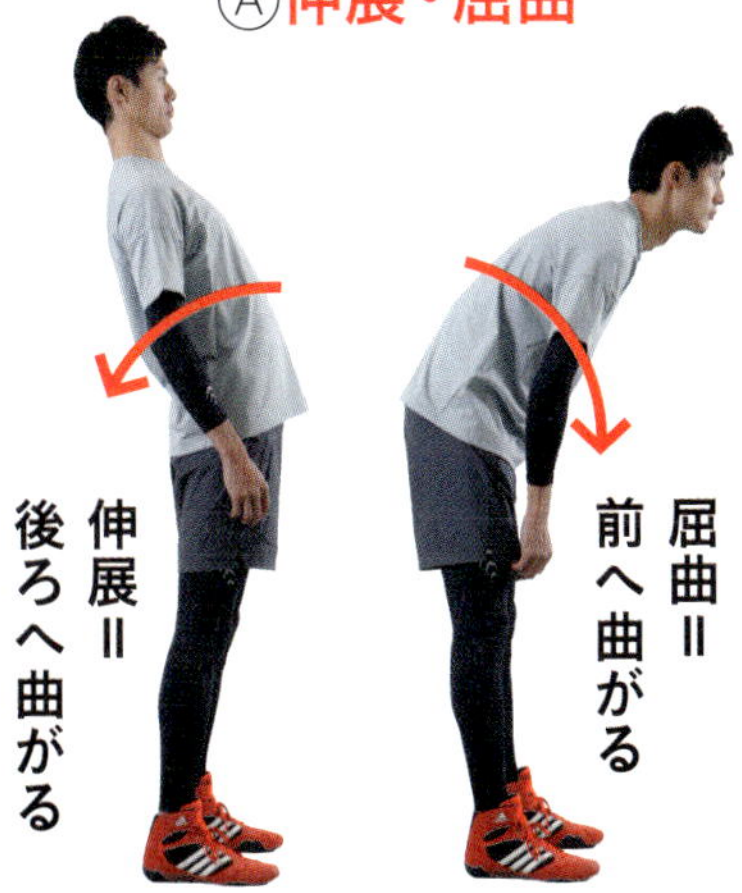

Ⓑ側屈・復元

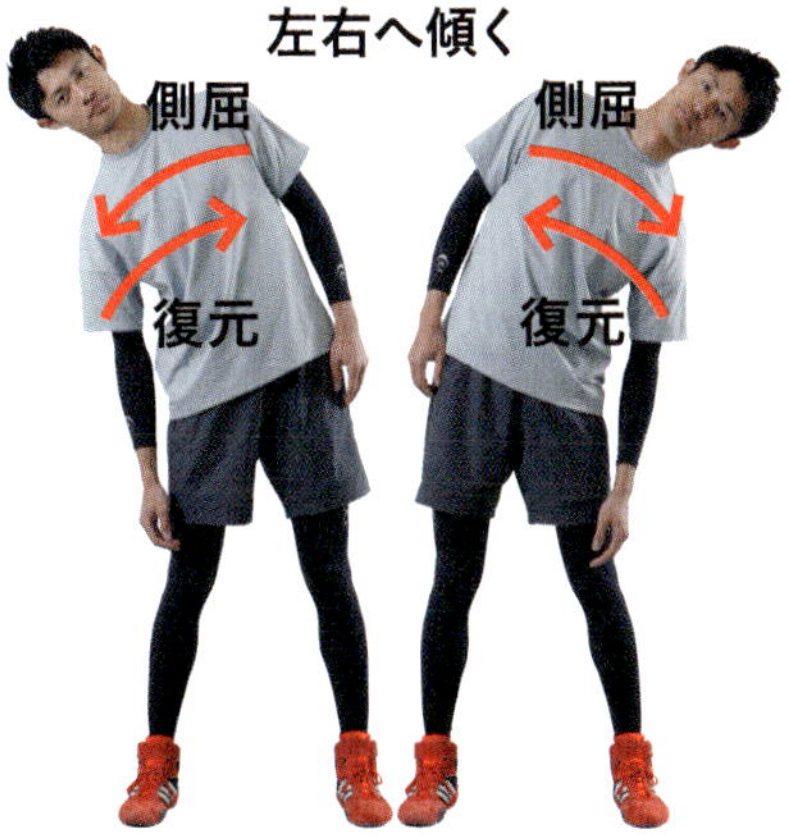

CHECK

腰椎の伸展の動きが悪いと起きるミス

股関節が屈曲しない
↓
骨盤が回旋しない
↓
ヒッカケ／ダフリ・トップ／スライス／飛距離不足

→P124へ

腰椎の屈曲の動きが悪いと起きるミス

腰椎が反る
↓
力が抜ける
↓
飛距離不足／球が低すぎ

→P128へ

CHECK

腰椎の側屈の動きが悪いと起きるミス

前傾が保てない
↓
速い回転ができない
↓
スライス／プルフック／ヒッカケ／飛距離不足

→P132へ

「側屈・復元」がありますが、回旋の動きはこの部位にとってじつは苦手な動きです。腰部から捻ることを意識しすぎると、腰痛の原因になるので注意してください。

　脊柱に関与する最大の筋肉は脊柱起立筋ですが、個々の脊椎間に付着する小さな筋肉群も関与しています。

Ⓒ水平回旋

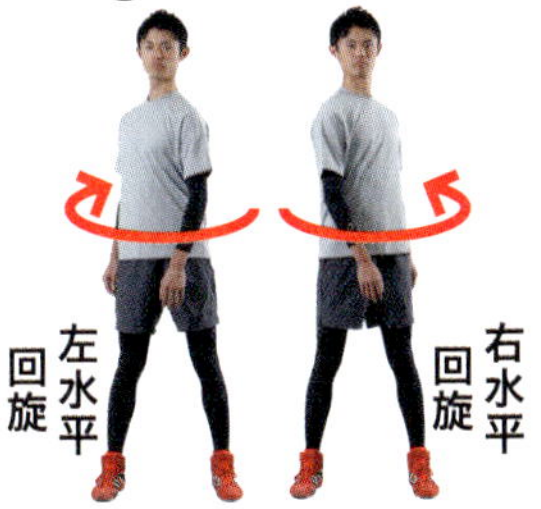

＊腰椎と胸椎の間（胸腰移行部）での動き

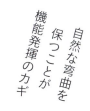

腰椎の伸展

腰椎が伸展するから骨盤の前傾が保たれる

腰椎の弯曲を保ったまま前傾しなくてはならない

　腰椎が伸展することで、骨盤が前傾します。骨盤を前傾させてアドレスの姿勢をつくることで、腰椎の自然な前弯（前に向かって弯曲している形状）が保たれ、股関節が屈曲します。すると、**水平内転によって骨盤を回旋させることができ、下半身の効率的な使い方ができます。**

骨盤を前傾させた構えをつくらないと、股関節が屈曲せず、骨盤の回旋を使うことができない

腰椎やその周辺の筋肉が硬くなっていると骨盤が前傾したアドレスをつくれない

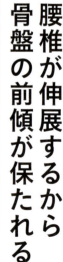

股関節を屈曲させてアドレスをつくると股関節が機能し、下半身と上半身の動きを効率よくつなげられる

◎

腰椎が伸展することで、骨盤の前傾がつくれる。背骨が自然に伸びているように見えるが、骨格としては自然な弯曲が保たれた状態

腰椎の伸展を最適化する

TRAINING

動かす力を強くする

腰椎前弯のトレーニング

腰椎を伸展させ、骨盤が前傾した状態での腰椎の前弯を保つためには、
脊柱を支える筋肉群である脊柱起立筋の収縮の力を
鍛えておく必要があります。

1

四つ這いの姿勢で、手は肩の真下、ヒザは股関節の真下に置く

2

お尻の穴を天井に向けるイメージで腰を反らす

5秒キープして脱力。腰椎の後ろの筋肉に疲労を感じるまで反復する

TRAINING

動かす
力を
強くする

腰椎前弯キープのトレーニング

手をついた状態で腰椎を伸展させるのに慣れたら、第2段階として、
手を離して重力がかかった状態でもゆるやかな
前弯を保てるようトレーニングしましょう。

1

ヒザをほんの少しゆるめた状態で、骨盤を前傾させ、脊柱起立筋に緊張を与える

2

ヒザの曲げ具合を維持し、腰の反りがほどけないようにしながらモモ裏が突っぱるところまで“お辞儀”する

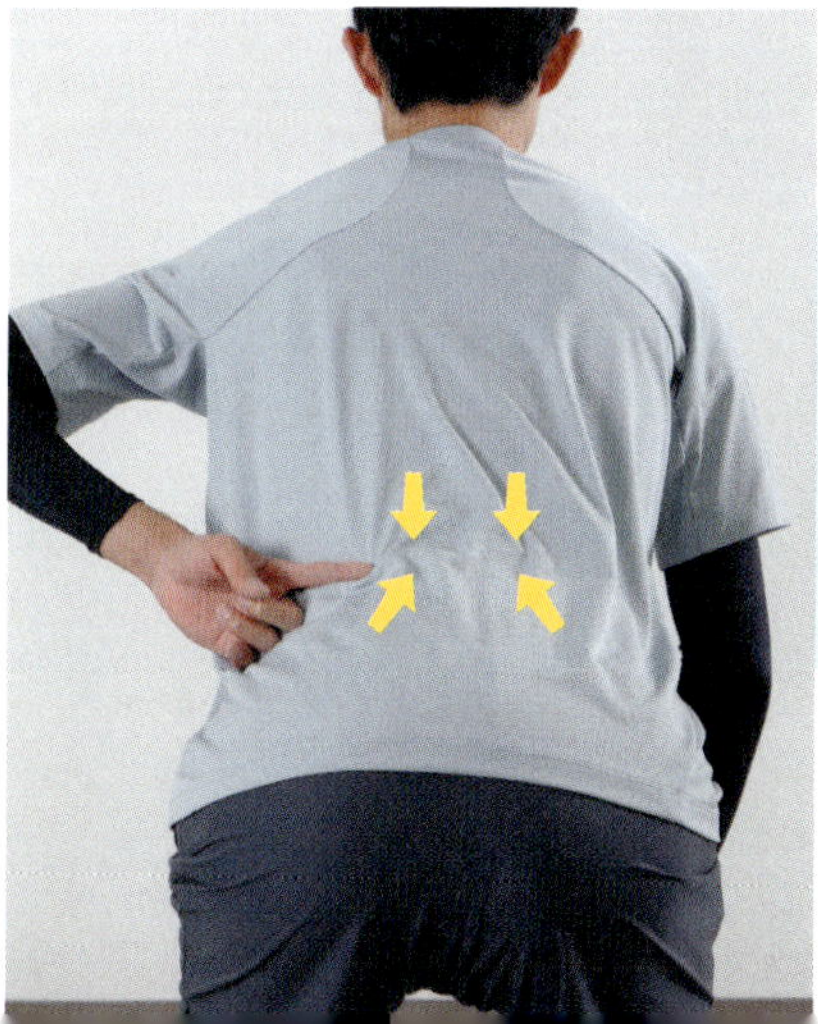

5秒キープして脱力。腰椎の後ろの筋肉に疲労を感じるまで反復する

腰椎の屈曲

反りすぎによる腰痛を防ぐ逆側の力

女性に多いパターンだが、腰椎の弯曲が強くなりすぎている状態。屈曲する力が弱かったり、伸展・屈曲を自分の意思でできない場合になりやすい

弯曲を強めすぎないために屈曲する方向への力も必要

脊椎には自然な弯曲があり、腰椎部分は前に向かって曲がっているのが正常な状態です。が、**腰椎の屈曲の力が弱いと、過剰な弯曲状態に陥り、腰痛を招いたり、力が抜けてしまいます。**背中をカベにつけて立った状態で、腰とカベの間に手がぴったり1枚入るくらいの弯曲が適正です。

◎ 背骨の自然な湾曲をそのまま残した構え方

カベと背中の間に、手のひらが一枚ちょうど入るくらいのすき間があくのが適当

腰椎の屈曲を最適化する

STRETCH

動かしやすくする

腰椎後弯のストレッチ

第1段階としてまず意識的に腰椎を後弯できるようにします。
脊柱起立筋の腸肋筋《ちょうろくきん》、最長筋《さいちょうきん》、棘筋《きょくきん》の下部にはたらきかけます。

1

四つ這いの姿勢になり、手は肩の真下、ヒザは股関節の真下に置く

2

お尻の穴を地面に向けるように骨盤を後傾させ、腰椎を丸める

5秒キープしたら脱力し、少しずつ屈曲できる範囲を広げていく

TRAINING

動かす力を強くする

腹直筋下部のトレーニング

恥骨（骨盤下部）とみぞおちをつないでいる腹直筋の、とくに恥骨に近い部分の収縮を鍛えることで、骨盤を後傾させ、腰椎を後弯させることができ、適度な弯曲を保てるようになります。

1 仰向けに寝て、股関節とヒザを直角に曲げ、手は首の後ろで頭を軽く支える

2 骨盤を後傾させ、尾骨から一つひとつ床から上げていく要領で腰を丸めていく

下腹部の筋肉に疲労を感じるまでゆっくり反復

腰椎の側屈

上体を横に倒す動きが前傾キープには必須

× 背骨を真っすぐ伸ばしたまま肩を“水平回転”させようとすると、スムーズな回転はできない

両肩の中心の位置を保持しスムーズな回転に導く

スイングでは骨盤の向いている方向が変わっていくため、**“前傾の維持”のためには、自分のカラダの動きとしては、前傾から左への側屈、側屈から前傾、そして右への側屈と変わっていく必要があります。**またそれにより、両肩の中心に位置する胸骨の回転効率がよくなり、ヘッドスピードを向上させます。

◎ バックスイングからトップでは背骨を左に側屈、ダウンスイングからフォローで右に側屈することで、見た目の前傾がキープされる

腰椎の側屈を最適化する

STRETCH

動かしやすくする

腰椎と骨盤の側屈ストレッチ

腰椎の横で肋骨と骨盤の側面をつなぐ腹斜筋や、
骨盤の横から大腿骨の付け根につながる中殿筋などが硬くなっていると、
腰椎や骨盤の側屈の動きを妨げる原因となります。

1

肩幅より広めに足を開いて立ち、クラブを両肩に担ぐ

2

カラダを真横に倒し、お尻を反対側へスライドさせる

骨盤の横から脇腹の筋肉が伸びていることを感じながら5秒キープし、脱力。これを10回繰り返す

TRAINING

動かす力を強くする

腰椎と骨盤の側屈トレーニング

肋骨と骨盤をつなぐ腹斜筋や、骨盤の横から大腿骨の付け根をつなぐ中殿筋が弱くなっていると、スムーズな側屈ができなくなる原因となります。

2

カベと反対側の足を伸ばしたまま横に上げ、手を下ろし、スネかヒザの外側にタッチ

1

カベに横向きになり、肩幅に足を開いて立つ。近い手はカベにつき、逆の手は斜め上に伸ばす

お尻の横から脇腹にかけての筋肉に疲労を感じるまで、テンポよく反復する

8

胸椎

軸の回旋に影響する もっとも重要な部位

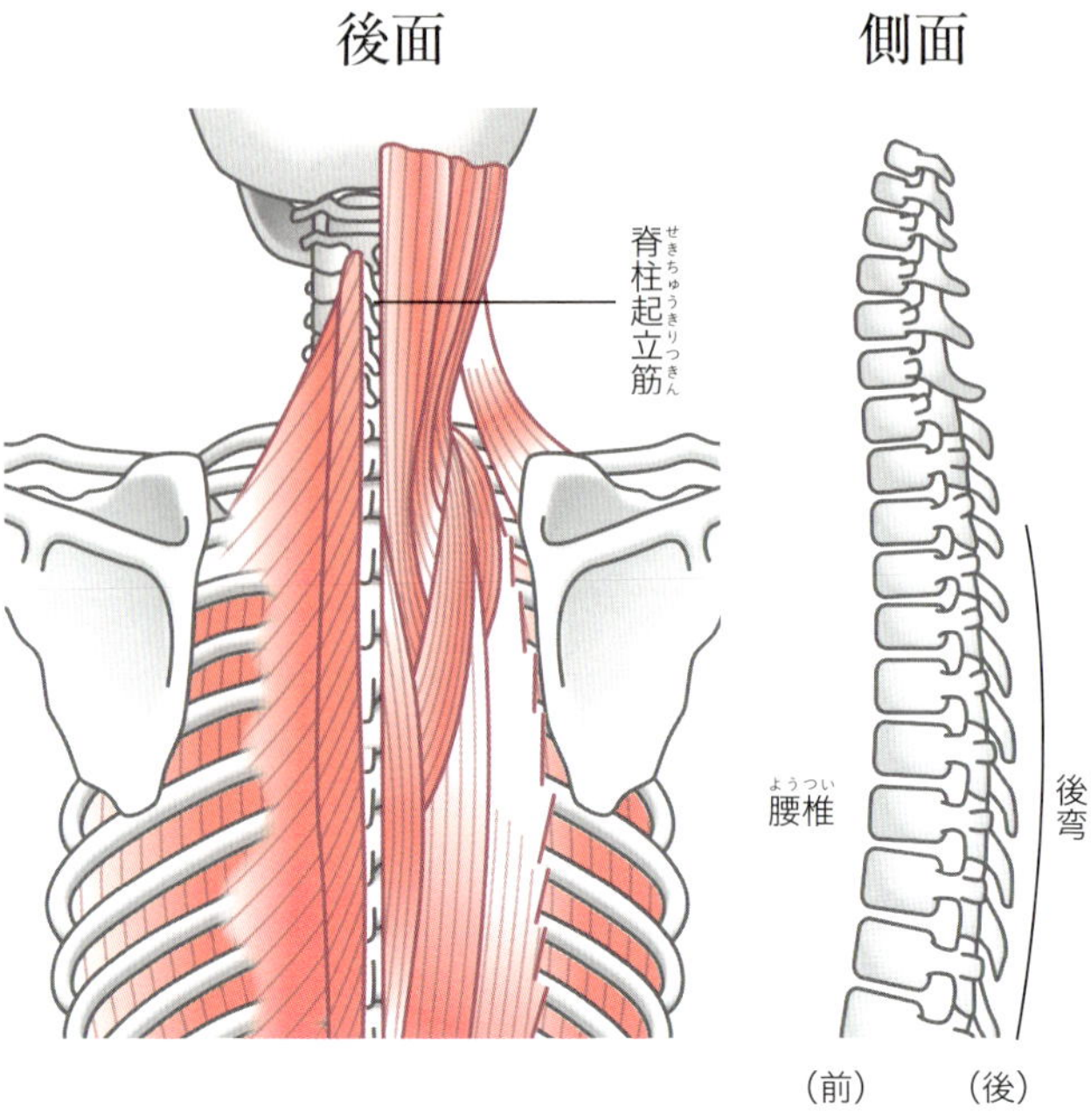

腰椎の上に12個の胸の骨（胸椎）が連なっています。腰椎の弯曲に続いてS字を描くように後弯しています。

胸椎の動きは、腰椎や頸椎に比べると非常に小さなものにかぎられます。胸椎には腰椎や頸椎にはない肋骨がつながっているためです。動き自体は腰椎と同じく、「伸展・屈曲」「側屈」と「回旋」です。

胸郭にある筋肉は脊柱を動かす機能のほか、呼吸にも関係しているという点で特殊と言えます。

胸椎の動き

中心を安定させ
遠心力と
釣り合いをとる

Ⓐ伸展・屈曲

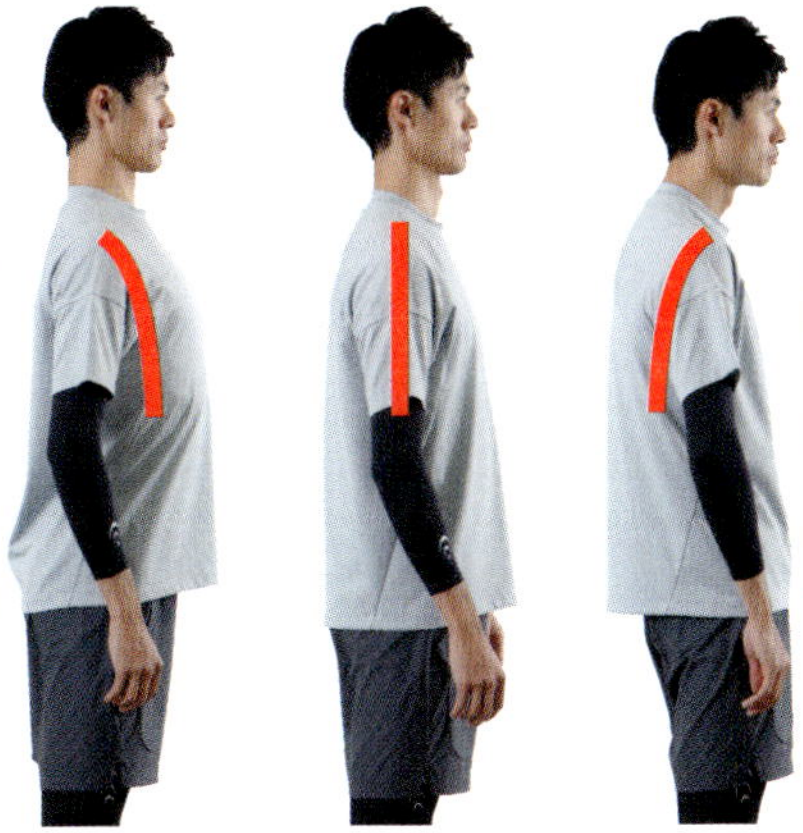

CHECK

胸椎伸展の動きが悪いと起きるミス

フィニッシュで猫背になる
⇓
頭が大きく動くか骨盤が後傾する
⇓
飛距離不足／球が低すぎ

→ P138へ

胸椎の屈曲の動きが悪いと起きるミス

インパクトで胸が下を向かない
⇓
左肩が早く上がる
⇓
スライス／プッシュスライス／飛距離不足

→ P142へ

Ⓑ回旋

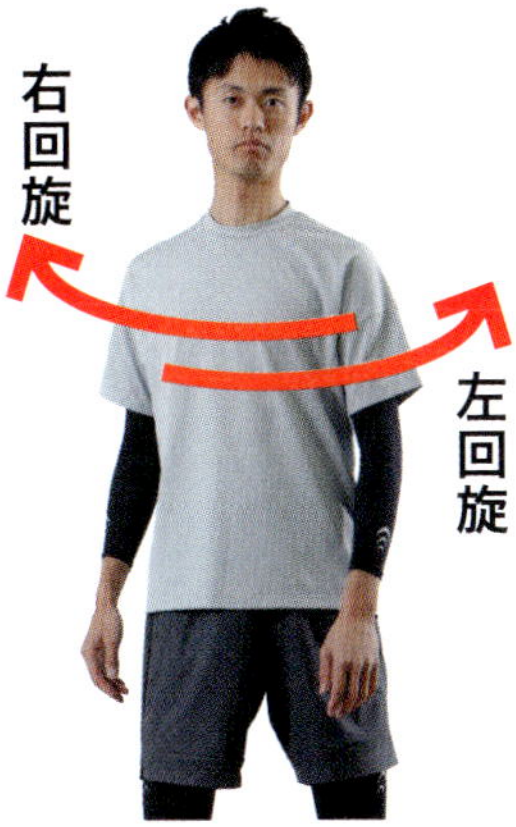

CHECK

腰椎の回旋の動きが悪いと起きるミス

肩と骨盤が同時に動く
⇓
速い回転ができない
⇓
スライス／フック／飛距離不足

→ P146へ

Ⓒ側屈・復元

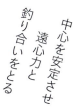

胸椎の伸展

胸が伸びないとフィニッシュまで回れない

胸椎が伸びないと頭の位置がずれたり重心が後ろに残ってしまう

×

胸椎が前に丸まった状態では前傾角度が保てず肩も回りきらない

胸椎が伸びることでフィニッシュ軸が整う

背中が丸まったままではフィニッシュで頭の位置が大きくズレるか、骨盤を後傾させて重心が後ろに残ります。**フォロー以降、胸椎を反る動作（伸展）が入ると軸が整ったフィニッシュになります。**胸椎の伸展が足りないと腰椎の伸展を強めて補おうとするため、腰痛の原因にもなってしまいます。

胸椎が伸びたことで頭の位置も大きく動かず、フィニッシュの軸が整う

◎

胸椎が背中側に反った状態になることで肩が大きく回っていける

胸椎の伸展を最適化する

MOBILIZATION

動かしやすくする

胸椎伸展のモビリゼーション

背骨を直接動かすような負荷を与えることで、
胸椎の動き自体に柔軟性をつけていくことができます。
とくに背中側のこわばりを取り除いておくことが必要です。

1 バスタオルを筒状に丸め、肩甲骨の間に当てて仰向けに寝る

2 1〜2キロの重り(水の入ったペットボトルなど)を持ち、胸の前から万歳するように動かす

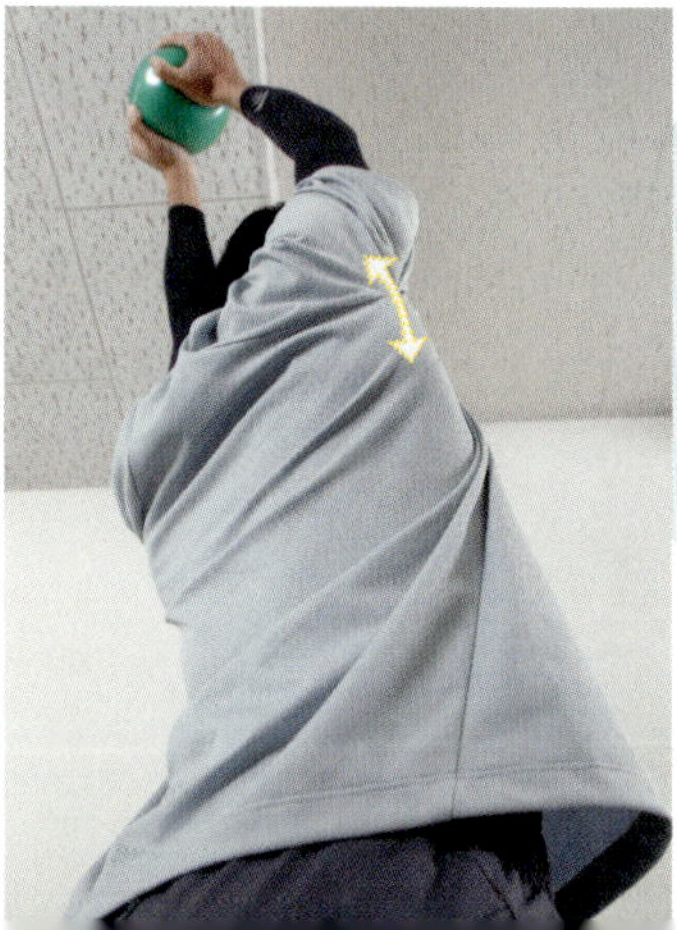

胸椎が反されるのを感じながら、動きがスムーズになるまでテンポよく反復する

TRAINING

動かす力を強くする

下部僧帽筋《かぶそうぼうきん》のトレーニング

肩甲骨と胸椎を支える下部僧帽筋が弱いと、胸椎の伸展がスムーズに行なえない原因となります。下部僧帽筋を鍛え、肩甲骨を下げながら胸を上に向けるようにして胸椎を伸展させます。

1

あぐらで座り、両手でクラブを持つ。アゴを引き、胸を張り、目線は水平に

2

両手を上げていき胸椎を伸展させる

背中が丸まらないように気をつける

5秒キープして脱力。胸椎の後ろの筋肉に疲労を感じるまで反復する

胸椎の屈曲

胸は丸まってボールと正対する

× 背骨を真っすぐ伸ばして軸として固めたり、胸を反らせた状態（前弯）では、ダウンスイング時に骨盤を深く前傾させた窮屈な状態にしないと、“軸”とボールとの距離をキープできない

胸が丸まって遠心力と釣り合う

背骨が向きを変えながら伸展・屈曲や側屈することで、遠心力と釣り合いをとる向心力をつくります。そのためには、**インパクト前後に胸がボールを向いた状態になることがカギ。それを実現するのが脊椎の弯曲です。**胸椎をアドレスで後弯(屈曲=前にかがむ)させておくことが必要です。

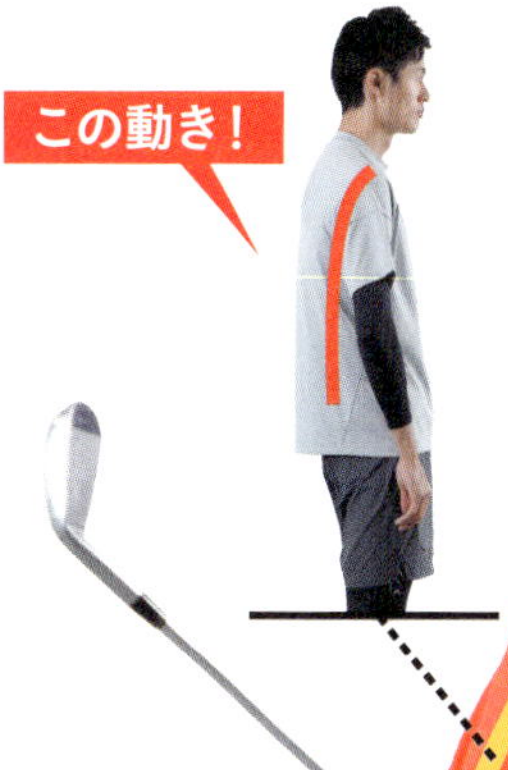

◎

ダウンスイングでは骨盤が少し起き上がることで回転しやすくなるが、胸椎を軽く丸めた状態（後弯）にして構えておけば、それでも回転の中心とボールとの距離が整う。胸がボールを向いた状態でインパクトすることにもつながる

アドレスで胸椎を後弯させた状態をつくっておくと、ダウンスイングで胸が下を向き遠心力に対抗する向心力を発生させてくれる

胸椎の屈曲を最適化する

STRETCH

動かしやすくする

上背部と肩甲骨間のストレッチ

僧帽筋や菱形筋など、背中の上部にある
肩甲骨の間の筋肉が硬くなっていると、
胸椎の屈曲(後弯) を妨げる原因となります。

2

大きなボールを抱え込むように、骨盤を後傾させ、背中を丸めながら手を前に押し出す

1

イスに座って手を胸の前で組む

上背部、肩甲骨間の筋肉が伸びていることを感じながら5秒キープ。脱力し、10回繰り返す

TRAINING

動かす
力を
強くする

胸椎屈曲のトレーニング

腹筋群や肩甲骨と肋骨をつなぐ前鋸筋を鍛えることによって、
胸椎の屈曲をスムーズに行なえるようになります。
左右両側を均等に訓練しておきましょう。

1 長座で座り、カラダの前に腕を伸ばして手を組む

2 骨盤を後傾させ、背中を丸めながら組んだ手を前に押し出す

3 左右に手を動かし、カラダを捻る

腹部の筋肉に疲労感を感じられるまでゆっくり左右を往復する

胸椎の回旋

胸と腰、胸と首の境目が捻転差をつくる

肩と骨盤の捻転差と同じく肩と首の捻転差も重要

胸椎は大きな動きをしませんが、頸椎および腰椎との境目部分が大きな可動性をもっています。双方の可動域が失われると、骨盤と肩の捻転差、首と肩の捻転差がつくれなくなり、回転のブレやヘッドアップの原因となります。**飛距離アップを求めるならば胸椎の可動域が必要です。**

✕ 胸椎と腰椎、胸椎と頸椎の境目の可動域が狭まっていると腰と肩の捻転差が大きくならず、また、回転がブレる原因となる

胸椎と腰椎の境目の可動域が十分あると、切り返した直後に捻転差が最大になる

胸椎と頸椎の境目の可動域が十分あることで、肩が高速で回っても、頭が引っぱられず、同じ位置に残っていられる

胸椎の回旋を最適化する

STRETCH

動かしやすくする

胸椎回旋のストレッチ

第1段階としてまずは外部の力を借りて胸椎に回旋の負荷をかけ、可動域を広げていきましょう。腰椎の回旋も含めて、胸の向きが45度まで捻れることを目標にしてください。

1

頭の後ろに手を置き、ヒジをカベや柱に引っかける。カベ側の足を前にして立つ

2

骨盤を前に出しながら体幹を捻り、骨盤の向きを変えていく。顔はカベと反対方向へ向ける

上半身が捻れていることを感じ、5秒したら脱力、動きの幅が広がるまで繰り返す。反対も同様に行なう

TRAINING

動かす力を強くする

胸椎回旋のトレーニング

ストレッチによって可動域を増やしたあと、
自力で捻転をつくれるようにトレーニングしましょう。

1

イスに座り、片方の手をヒザの内側、もう片方の手を頭の後ろに置く

2

ヒザを手で外に押しながら、逆のヒジを外に開いてカラダを捻る。顔は反対を向く

上半身が捻れていることを感じながら5秒。脱力し、動きの幅が広がるまで繰り返す。反対も同様に行なう

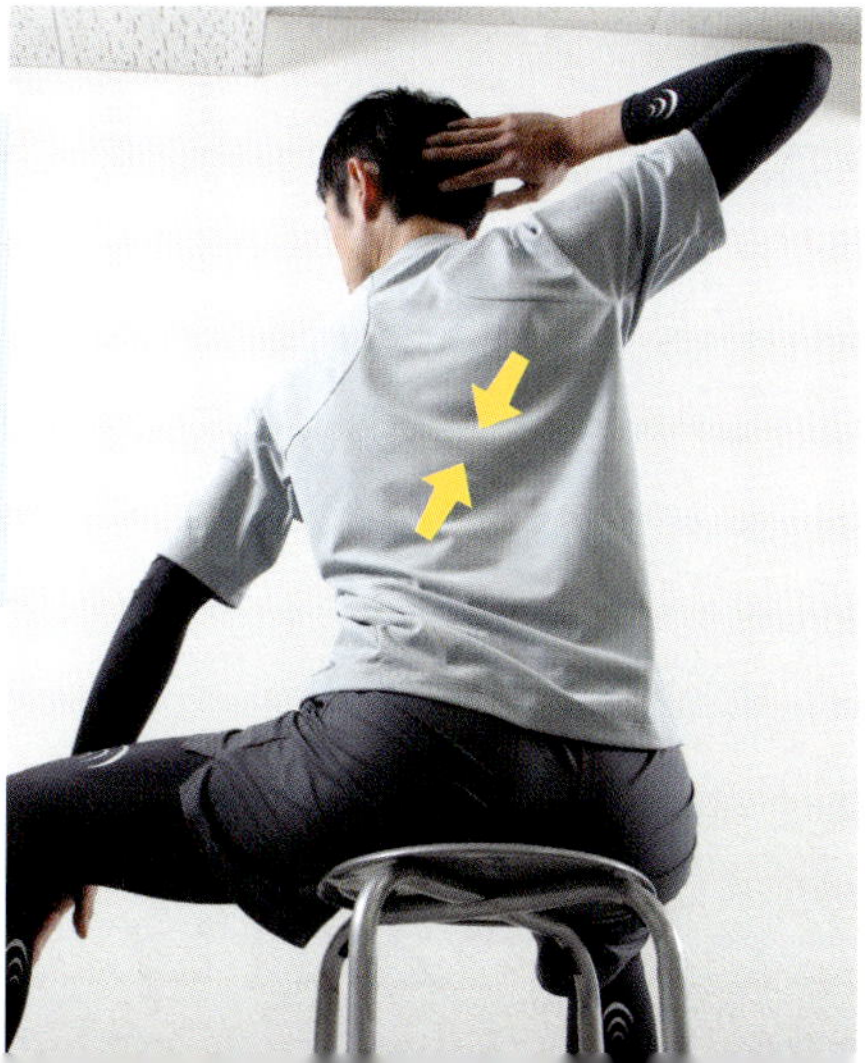

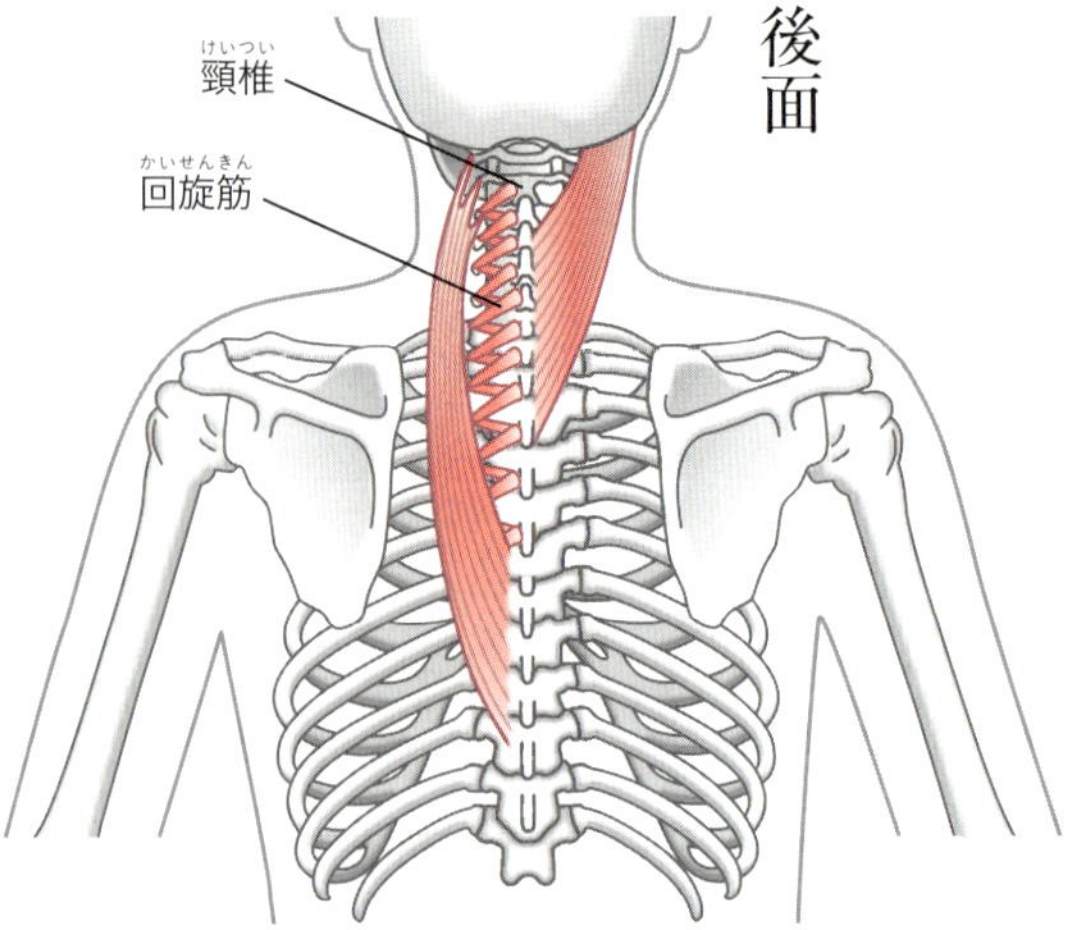

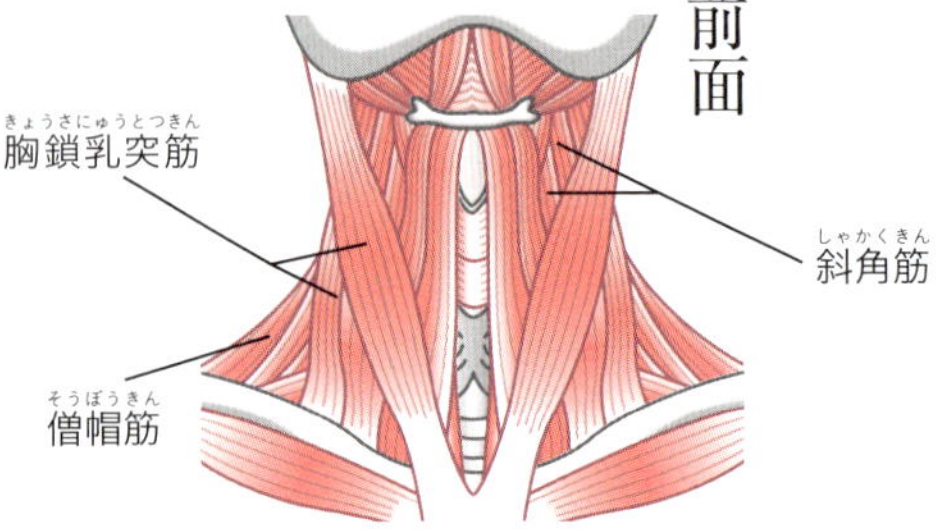

9

頸椎

顔を残すためには頸椎の可動域が必要

頸椎は7個の骨でできています。一番上と2番目の間の関節を除いては、個々の動きは小さなものとなっています。しかし**個々の動きが脊椎全体にわたることで大きく複雑な動きも可能となります。**

首の屈曲と伸展は、一番上の頸椎と頭の骨でつくられ、やはり大きな動きとなります。

頸椎と頭蓋骨をつないでいる筋肉が首を動かします。

頸椎の動き

回転動作の中で
全身の
バランスをとる

CHECK

頸椎の回旋の動きが悪いと起きるミス

頸反射が起きない

⇓

伸ばしたい腕が曲がったまま
曲げておきたい腕が伸びる

⇓

プッシュ／プッシュスライス／
シャンク／球が高すぎ／
飛距離不足

→ P152へ

Ⓐ回旋

右回旋＝右へ回る　　左回旋＝左へ回る

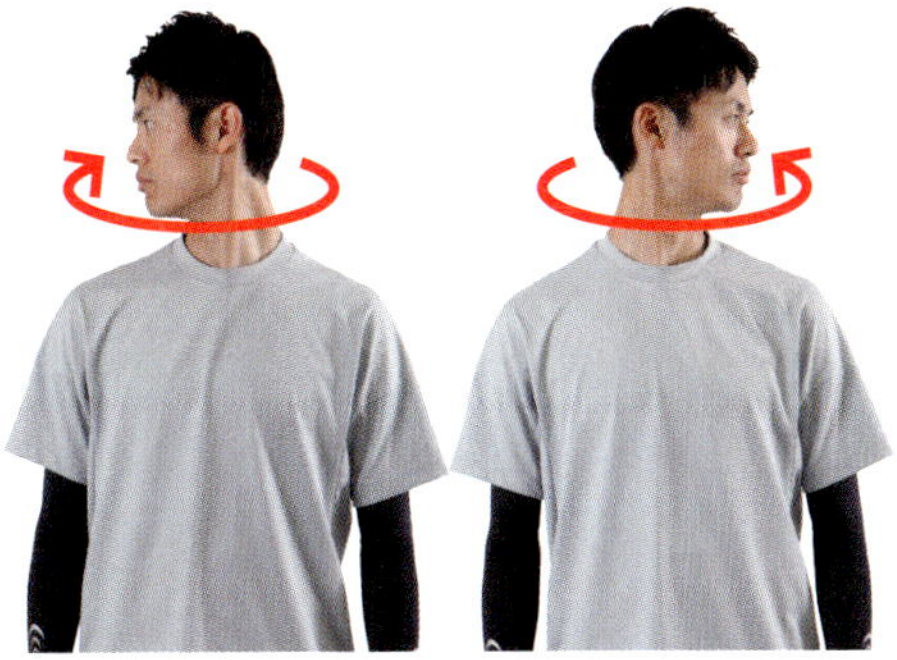

CHECK

頸椎の側屈の動きが悪いと起きるミス

顔を残せない

⇓

頭が起き上がる

⇓

スライス／ヒッカケ／フック／
グリップ・トップ／プルフック／
プッシュ／プッシュスライス／
球が高すぎ／飛距離不足

→ P156へ

Ⓑ側屈・復元

側屈　　側屈=頭が肩の方に動く

Ⓒ屈曲・伸展

伸展＝頭が胸から離れる

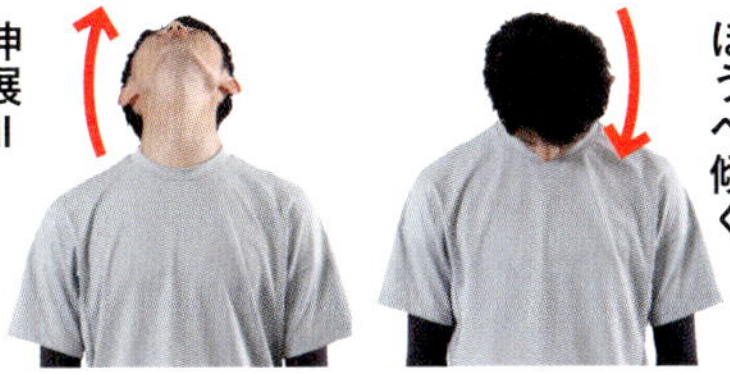

屈曲＝頭が胸のほうへ傾く

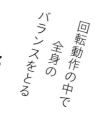

頸椎の回旋

頸反射が起きないと両前腕が返らない

✕

肩の回転に引っぱられて顔が動いてしまうと、頸反射が起きず、フェースを開いたままインパクトする原因となる

顔を残すと腕が自然に返る

インパクト以降、肩が回っていく中で、顔を下に向けたまま維持できれば、フォローでは顔をカラダの右に向けたことになります。そうすると**頸椎反射で、右腕を伸ばし左ヒジがたたまれる反射の動きが生まれます。つまり自然にフェースが返る。**これを妨げるのが頸椎回旋の可動域の狭さです。

◎

肩の回転に引っぱられずに顔を残しておくためには、頸椎回旋に十分な可動域があることが必要

顔を下に向けたまま肩を回していくことができれば、体幹に対して顔を右に向けたことになる。顔を右に向ければ頸反射で、右腕は伸びると同時に回内し、左腕は回外する

頸椎の回旋を最適化する

STRETCH

動かしやすくする

頸椎回旋のストレッチ

首を左右に向けるだけのシンプルなストレッチでも
首の回旋の可動域は改善できます。それだけで顔を残し、
スイング中の全身のバランスも保てるようになっていくものです。

2

軽い力でほおを押し、首の力でそれに抵抗する

1

首から上の動きだけで自分で向ける範囲いっぱいまで横を向き、手を前からほおに当てる

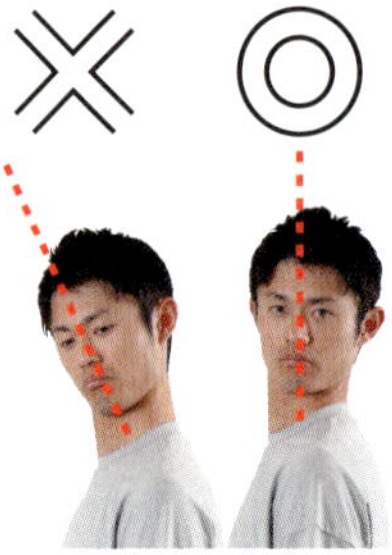

顔を真っすぐにし、頭を背中の上に乗せた状態で捻る

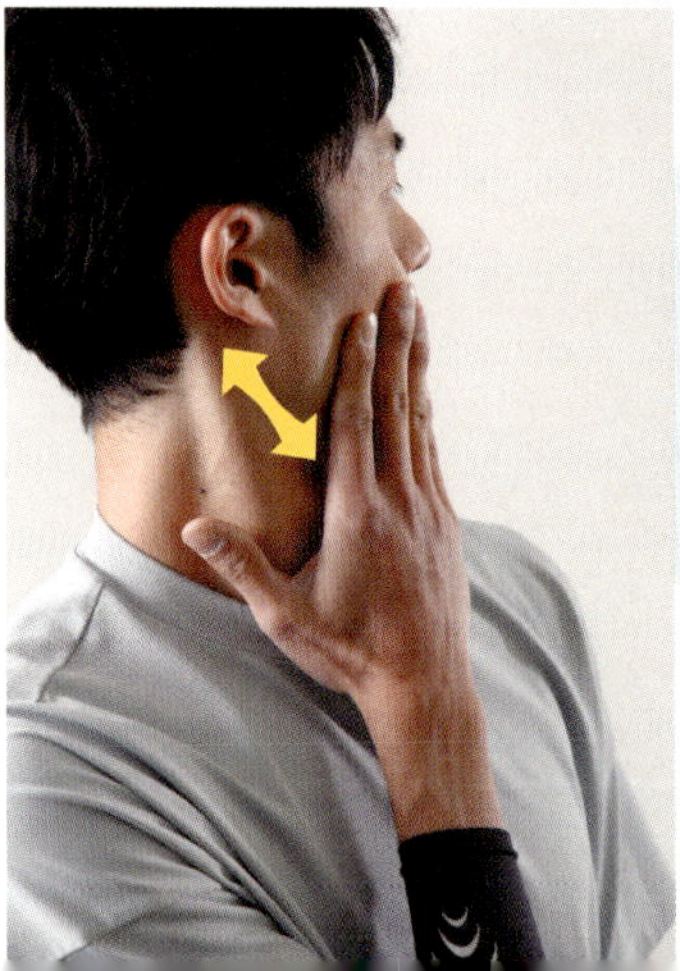

5秒維持したら脱力。動きの幅が広がるまで繰り返す。反対も同様に行なう

TRAINING

動かす
力を
強くする

頸椎回旋のトレーニング

肩甲骨と頸椎をつないでいる僧帽筋、菱形筋を使って、
自分で動かせる回旋の可動域を増加させるトレーニングを行なうことで、
首の回旋可動域を広げていけます。

1

手のひらを上に向け、ヒジから先を水平にしてカラダの横に広げる

2

後ろの手を引くようにして、肩を大きく回転させる。顔は反対方向を向く

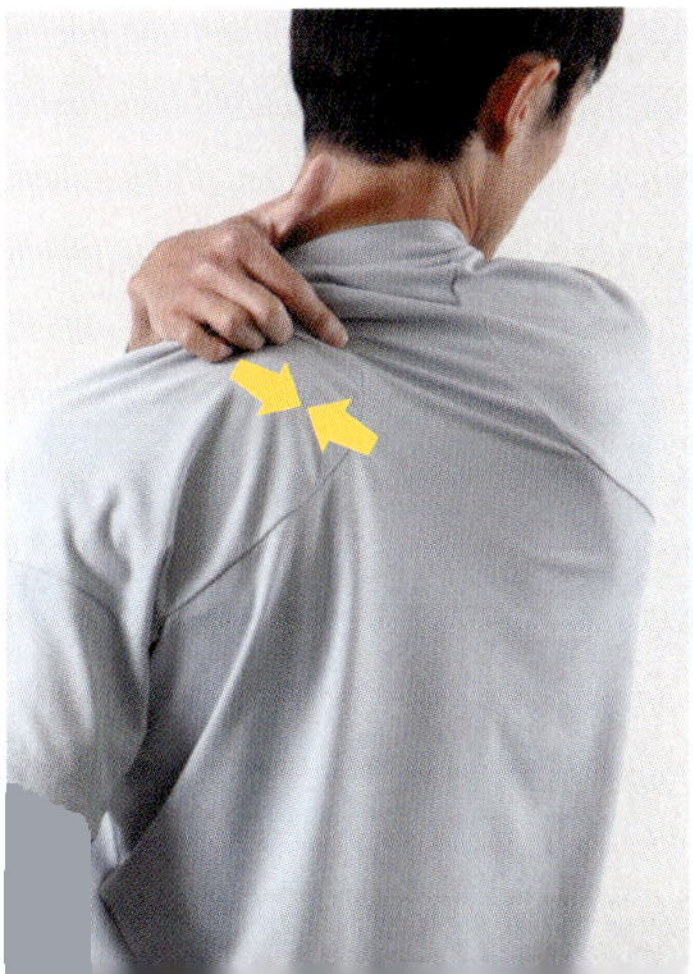

ヒジを後ろに引いた側の肩甲骨と首の間の筋肉が縮んでいることを感じながら５秒維持。脱力し、動きの幅が広がるまで繰り返す。反対側も同様に行なう

頸椎の側屈

首を傾けた側の脇腹は自然に縮む

両目のラインを地面と平行にしようとすることが、上半身の起き上がりや回転不足を招いてしまう

×

両目で地面を水平に見続けようとすると、体幹の側屈とは逆方向に首が曲がる

首の側屈でも頸反射が起きる

頸反射は側屈によっても起こります。**首を傾けた側の脇腹が縮みやすくなるため、体幹の側屈を促してくれるのです。**体幹の側屈に連動し、首はさらに傾くのですが、この動きの中で頸椎を安定させるためにも、首の側面にある筋肉が正しく機能する状態をつくっておくことが大切です。

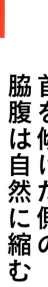

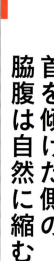

首が右に傾いた状態で肩を回していくと、フォローで顔が回ったときには、両目を結んだ線が地面と垂直になるくらいまで傾く

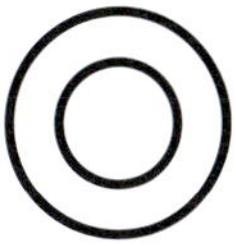

体幹の側屈と首の側屈は、反射として同じ方向に起きる。その結果、早く顔が起き上がる動きが防げる

頸椎の側屈を最適化する

STRETCH

動かしやすくする

斜角筋、僧帽筋、胸鎖乳突筋のストレッチ

首の真横、斜め前、斜め後ろに、頭蓋骨や頸椎から肋骨、
肩甲骨、鎖骨につながる首の筋群がありますが、
この筋群が硬くなってしまうと側屈の動きが妨げられてしまいます。

1

手で軽く頭を支える。反対の手を斜め下に伸ばし、肩が上がらないようにする

2

手で軽く頭を引っぱって側屈させる

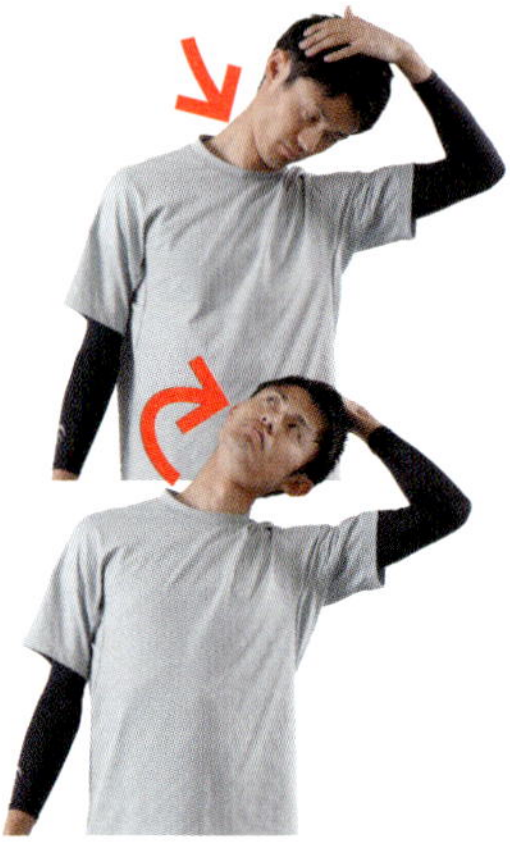

3

前後の動きを加えて頸椎側面の筋肉を幅広く伸ばしていく

首の横の筋肉が伸びていることを感じながら30秒ほど前後にゆったりと動かして脱力。反対側も同様に行なう

TRAINING

動かす
力を
強くする

腰椎側屈のトレーニング

首の側面の筋肉を鍛えることで、側屈の動作がスムーズになっていきます。
それによって首まわりの軸を安定させることができ、
スイングを通じての全身のバランスがよくなっていきます。

1

首を横に傾け、傾けたほうの手で下からこめかみを支える

2

手でこめかみを下から押し、首の力で抵抗しながら、反対まで動かしていく

3

首の力で反対側へ押し返していく

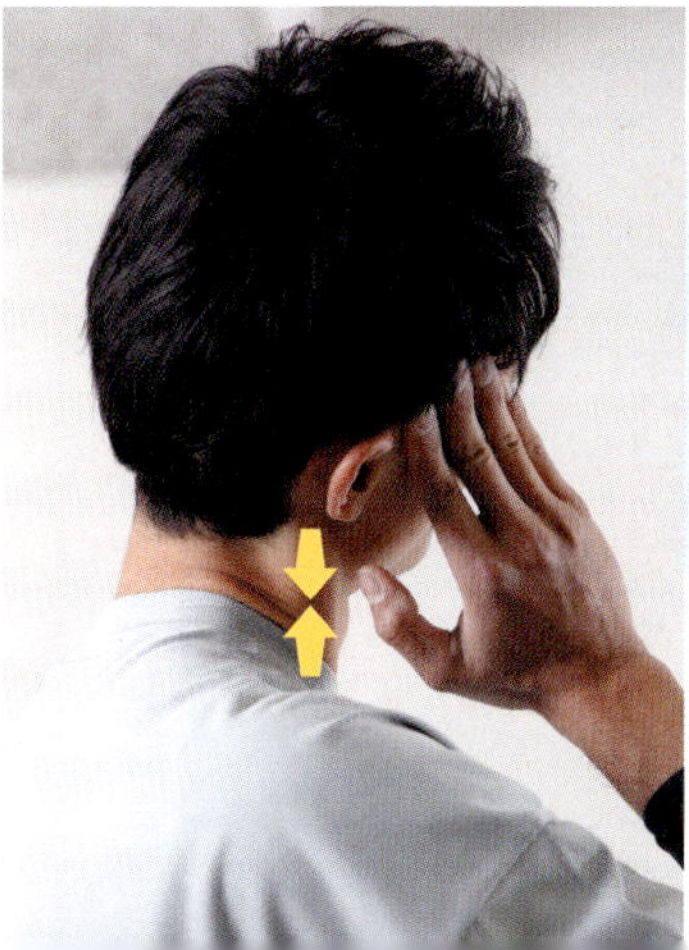

10回を目安に行なう。反対側も同様に行なう

著者略歴

小澤康祐（おざわ・こうすけ）

スポーツトレーナー

運動学、物理学などの視点でゴルフスイングを独自に研究。2015年よりYouTubeにて「ゴルフスイング物理学」のタイトルでレッスン動画を配信。2019年3月時点で約4万4000人のチャンネル登録者を集めた。その内容を書籍化した『ゴルフスイング物理学』（実業之日本社）は、これまでのゴルフ界の常識を覆す画期的かつ理論的な内容が話題を呼び、ベストセラーに。現在は一般ゴルファーへの指導のほか、ティーチングプロの講習、ツアープロの動作改善指導なども行なっている。ゴルフ以外のスポーツでも実績を残しており、野球では公立高校を甲子園初出場に導き、全国の指導者が指導法を学ぶ「愛知トレーニング交歓会」でメイン講師を複数回に渡って務める。子どもの姿勢改善指導を題材にテレビ出演、雑誌に取り上げられるなどメディアでも活躍中。出身地の長野県松本市で整体・トレーニングジム「スタジオコア」を経営し、他4人のトレーナーとアスリートをサポートしている。1987年生まれ。

Waggle GOLF BOOK

ワッグルゴルフブック

ゴルフ・ボディ・フィッティング

2019年4月25日　初版第1刷発行

著者　小澤康祐

発行者　岩野裕一

発行所　株式会社実業之日本社

〒107-0062　東京都港区南青山 5-4-30

CoSTUME NATIONAL Aoyama Complex 2F

電話　編集＝ 03-6809-0452

販売＝ 03-6809-0495

ホームページ＝ http://www.j-n.co.jp/

印刷・製本　大日本印刷株式会社

ISBN978-4-408-33857-6（第一スポーツ）